PUHUA BOOKS

我们一起解决问题

应用型本科

信管专业系列教材

ERP项目
管理与实施

倪庆萍◎主编

人民邮电出版社

北　京

图书在版编目（CIP）数据

ERP项目管理与实施 / 倪庆萍主编. -- 北京：人民
邮电出版社，2021.12（2022.7重印）
应用型本科信管专业系列教材
ISBN 978-7-115-57654-5

Ⅰ．①E… Ⅱ．①倪… Ⅲ．①企业管理-计算机管理
系统-高等学校-教材 Ⅳ．①F270.7

中国版本图书馆CIP数据核字(2021)第206273号

内 容 提 要

企业要想做大做强，就必须不断提高自身的竞争力。企业资源计划（Enterprise Resource Planning，ERP）为企业的信息化建设提供了一种系统的解决方案，通过实施ERP，企业可以提高管理水平、改善业务流程、增强竞争力。

本书基于管理理论与技术方法融合思想，从社会—技术系统视角，详细阐述了ERP系统原理和IT项目管理理论。全书分为3篇共计13章，涵盖了项目管理基础知识、项目管理方法与工具、ERP系统结构原理、ERP项目管理概述、ERP项目实施方法论等内容。书中附有大量的案例与习题，这些内容提升了有关内容的实践性和可操作性，有助于读者学以致用。

本书适合企业各层级管理人员、ERP系统设计人员、ERP系统顾问及实施人员阅读，也可作为高等院校相关专业师生的参考用书。

◆主　编　倪庆萍
　责任编辑　贾淑艳
　责任印制　胡　南
◆人民邮电出版社出版发行　　北京市丰台区成寿寺路11号
　邮编 100164　电子邮件 315@ptpress.com.cn
　网址 https://www.ptpress.com.cn
　北京虎彩文化传播有限公司印刷
◆开本：787×1092　1/16
　印张：17.5　　　　　　　　　2021年12月第1版
　字数：450千字　　　　　　　2022年 7 月北京第 3 次印刷

定　价：89.80元
读者服务热线：（010）81055656　印装质量热线：（010）81055316
反盗版热线：（010）81055315
广告经营许可证：京东市监广字20170147号

前　言

随着经济社会的发展与产业调整的升级加速，现有的教材和课程体系已经难以适应新形势下高校培养应用型人才的需要。《国家中长期教育改革和发展规划纲要（2010—2020 年）》明确要求课程教材建设向应用型转变。校企共建课程，开发新教材，引入企业资源，已成为提升应用型大学课程教学质量的一种有效途径。近年来，我们在应用型人才培养中，通过与用友网络科技股份有限公司（以下简称"用友公司"）、上海神州数码有限公司、金蝶国际软件集团有限公司（以下简称"金蝶软件公司"）等开展课程合作，积累了丰富的案例资源，从而为本教材的编写奠定了基础。

本书共分为 3 篇：第 1 篇是基础篇，共 4 章，内容包含了项目管理基础知识、项目管理方法与工具、ERP 系统结构原理、ERP 项目管理概述；第 2 篇是 ERP 实施方法论篇，共 6 章，内容包含了 ERP 项目实施方法论、项目规划、蓝图设计、系统建设、上线切换、持续支持；第 3 篇是 ERP 产品与实施项目案例篇，共 3 章，内容包含了 ERP 行业标准和典型 ERP 产品、企业 ERP 系统实施相关技术、群英集团财务供应链 ERP-NC项目实施案例。

本书具有以下五个特点。

- 基于管理理论与技术方法融合思想，从社会—技术系统视角，以 ERP 系统原理和IT 项目管理理论为基础，以 ERP 项目实施方法及应用为重心，进行全书章节的结构设计和内容构思。

- 将企业的实际应用有机地渗透到 ERP 项目实施与管理的学习中，将实用性和适用性充分体现在教材的案例与习题中。

- 以企业的实际工作场景为基础，任务描述和涉及的工作文档也以企业的实际工作需要为范本，充分体现了应用型人才培养的要求。

- 本书在编写过程中得到了用友公司上海分公司的大力支持，它为本书提供了丰富的企业一线案例，并且有经验丰富的 ERP 实施专家参与本书的编写，这使得书中内容十分贴近工作实际。

- 本书在编写过程中组织了 ERP 行业有实践经验的专家、企业高层管理人员参与审稿并承担部分编写工作，这使得书中内容丰富、理论联系实际、重点突出。

本书由倪庆萍主编，并负责全书的规划与统稿。参与本书编写工作的还有席黄翔、刘延美、曹丽君等。本书在编写过程中得到了作者所在学校经济管理学院的领导和同事，以及用友公司上海分公司的领导和专家的大力支持与指导，在此表示衷心的感谢！

本书在编写过程中参考了大量的文献资料，在此谨向这些文献资料的作者表示衷心的感谢！

ERP 项目管理与实施是一个实践性很强的学科，由于编者涉及的应用领域有限，因此书中内容难免有不妥之处，在此恳请专家与读者指正。

目　录

第 1 篇
基础篇

第 2 篇
ERP 实施方法论篇

第 3 篇
ERP 产品与实施项目案例篇

第 1 篇

基础篇

第1章

项目管理基础知识

知识框架图

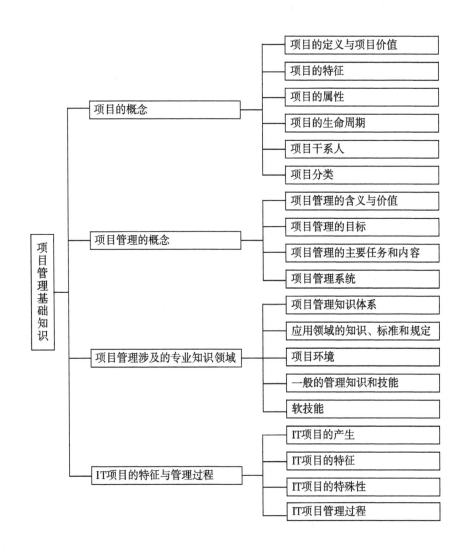

学习目标

1. 了解项目和项目管理的概念。
2. 了解项目和项目管理的价值。
3. 了解项目管理的范畴与知识体系。
4. 了解 IT 项目的特征与管理过程。

引例

西门工程公司为什么不能续签合同

1988 年，西门工程公司赢得了美国能源部的一个大合同。该合同为期五年，合同金额为每年 1 500 万美元，共计 7 500 万美元。到了 1993 年，西门工程公司的年销售额已达到 2 500 万美元，其中主要的合同来源于美国能源部，只有一些小合同是和其他客户签订的。西门工程公司和美国能源部签订的大合同在 1993 年期满后可以续签，但美国能源部曾经明确指出，尽管它们对西门工程公司的技术方面非常满意，但接下来的合同必须通过竞标来取得。1993 年 10 月，美国能源部准备签订一个每年 1 000 万美元的五年合同。1993 年 6 月，西门工程公司收到了发标的请求，这个发标的技术要求对公司来说不是问题，但是在发标中，美国能源部对公司怎样管理这个每年 1 000 万美元的项目及项目管理系统如何运行有单独的要求，公司必须给出完整、详细的描述。西门工程公司在 1988 年赢得大合同时，美国能源部对公司的项目管理没有要求，所有的项目是由生产线经理来领导，项目依赖传统的组织结构来完成。1993 年 7 月，西门工程公司聘请了咨询顾问来培训整个组织的项目管理，在竞标书制作阶段，咨询顾问和竞标小组紧密合作，共同研究怎样才能达到美国能源部的项目管理要求。标书在 1993 年 8 月的第二个星期制作完成，并被送到美国能源部。1993 年 9 月，美国能源部给西门工程公司一张问题清单，清单中有超过 95% 的问题涉及项目管理。西门工程公司对清单中的所有问题都做了回答。1993 年 10 月，西门工程公司收到通知，它们没有赢得合同。在合同发布会上，美国能源部表示，它们对西门工程公司的项目管理系统没有信心，因此，西门工程公司不能续签合同。

▤ 问题

1. 西门工程公司为什么不能续签合同？

2. 项目管理系统指的是什么？

1.1　项目的概念

1.1.1　项目的定义与项目价值

ISO 10006 将项目定义为"具有独特的过程，有开始和结束日期，由一系列相互协调和受控的活动组成。过程的实施是为了达成规定的目标，包括满足时间、费用和资源等约束条件"。通俗地说，项目就是在有限的资源和要求的限制下完成既定的目标的一次性任务。这个定义包含三层意思：一是有限的资源；二是既定的目标；三是一次性任务。这里所说的资源包括时间资源、经费资源、人力资源和物质资源。其中，除了时间资源，其他资源都可以通过采购获得，因而表现为费用或成本。对于时间资源，可以将其称为进度，这样一来，也可以将项目定义为"在一定的进度和成本约束下，为实现既定的目标，并达到一定的质量所进行的一次性工作任务"。项目满足以下四个特征。

（1）完成既定的目标。

（2）具有开头和结尾。

（3）具有资金限额。

（4）消耗资源（如人力资源、设备资源）。

从工程技术角度来说，项目是为创建某一独特产品、服务或成果而临时进行的一次性努力。例如，某企业的财务信息系统平台的升级项目；某医院的智慧药房开发项目等。

项目是在一定的时间范围内，利用有限的资源为特定客户完成特定目标的一次性工作任务。时间范围是指项目有明确的开始时间和结束时间。这里所说的资源包括完成项目所需要的人、财、物。客户是指提供资金、确定需求，并拥有项目成果的组织或个人。目标是满足要求的产品和服务，并且有时它们是不可见的。也就是说，完成项目任务需要特定的资源环境和目标要求。资源环境是指一个组织机构内的人力、财力、物力。目标要求是指在规定的时间内完成且满足性能、质量、数量和技术指标等要求。

项目的价值在于项目能满足利益相关者明示和潜在的需要，组织和个人的业绩及工作能力也是通过项目来展现的，这一点在 IT 企业表现得尤为突出。在我国，大部分 IT 企业是通过项目的实施与推广来生存和发展的。IT 企业已完成的项目对用户的影响、用户对软件的评价直接影响潜在客户的价值取向。成功的项目是企业形象的主要来源，经典项目和样板工程的价值越来越受到人们的认可与重视。

1.1.2　项目的特征

无论项目的规模、复杂程度和性质有何不同，都会存在一些相同之处。了解项目的特征有利于项目成功和达到既定目标的要求。项目通常是作为实现组织战略计划的手段而实现的。与企业的运作不同，项目具有非常明显的特征：临时性、独特性和渐进明细性。项目的特征是项目内在属性的综合反映。

1. 临时性

临时性是指每个项目都有一个明确的开始时间和结束时间。项目是一次性的活动。当项目目标实现时，就意味着项目结束。但是，也可能由于项目目标明显无法实现或项目需求已经不复存在而需要终止项目，此时便意味着项目结束。临时性并不意味着项目历时短，有些项目历时数年，如三峡水利枢纽工程。但是，不管在何种情况下，项目历时总是有限的，项目不是一项持续的工作。

2. 独特性

独特性是指每个项目都是独一无二的，没有完全一样的项目。项目所涉及的某些内容或全部内容都是以前没有做过的。项目的独特性在 IT 领域表现得尤为突出，厂商不仅向客户提供产品，更重要的是根据客户的要求向其提供不同的解决方案。即使有现成的解决方案，厂商也要根据客户的要求进行一定的客户化工作，因此每个项目都有所不同。例如，开发一个新的办公自动化系统，由于使用系统的用户不同，必然会有很强的独特性，虽然以前可能开发过类似的系统，但是每个系统都是根据用户的需求来设计的，因此是唯一的。

3. 渐进明细性

渐进明细即逐渐细化，是指在项目进程中，随着信息越来越详细，估算结果越来越准确，需要持续改进和细化计划。渐进明细反映了项目整体特性。因为项目的产品或服务事先不可见，在项目前期只能粗略地进行项目定义，随着项目的进行才能逐渐完善和精确。这意味着在项目逐渐细化的过程中，一定会进行很多修改，产生很多变更。因此，在项目执行过程中，要注意对变更的控制，特别是要确保在细化过程中尽量不要改变工作范围，否则会对项目的进度和成本造成巨大影响。

项目的渐进明细性使很多项目可能不会在规定的时间内，按规定的预算由规定的人员完成。这是因为项目计划在本质上是基于对未来的估计和假设进行预测的，在执行过程中与实际情况难免有所差异，甚至还会因各种风险和意外导致项目不能按计划进行。

1.1.3　项目的属性

项目的属性是指项目本身所固有的特性，可以归纳为以下六个方面。

1. 一次性

一次性是项目与其他重复性运行或操作工作最大的区别。项目有明确的起点和终点，没有可以完全照搬的先例，也不会有完全相同的复制。项目的其他属性也是从这一主要属性衍生出来的。

2. 独特性

独特性是指每个项目都是独特的。或者其提供的产品或服务有自身的特点；或者其提供的产品或服务与其他项目类似，但是时间和地点、内外部环境、自然和社会条件有别于其他项目，因此项目的过程总是独一无二的。

3. 目标的明确性

目标的明确性是指人类有组织的活动都有其目的性。项目作为一类特别设立的活动，也有其明确的目标。项目目标一般包括以下三个方面。

（1）时间性目标：又称时间约束，即在规定的时间段内或在规定的时间点之前完成。

（2）成果性目标：即项目的来源，也是项目的最终目标。例如，提供某种规定的产品或服务。

（3）约束性目标：又称限制条件，是实现成果性目标的客观条件和人为约束，是项目实施过程中必须遵循的条件，是项目管理的主要目标。

目标的明确性允许有一个变动的幅度，也就是可以调整。但是，当项目目标发生实质性变化时，它就不再是原来的项目了，而是产生了一个新的项目。

4. 活动的整体性

活动的整体性是指项目中的一切活动都是相关联的，从而形成一个整体。强调活动的整体性，也就是强调项目的过程性和系统性。在计划项目时，要注意多余的活动是不必要的，但缺少某些活动必将影响项目目标的实现。

5. 组织的临时性和开放性

项目组织是为了实现一个项目而临时组建的组织机构。在项目的全过程中，项目组织的人数、成员和人员职责会不断地发生变化。在项目组织中，参与项目的相关单位往往有很多个，它们通过协议或合同及其他社会关系聚集到一起，在项目的不同时间段不同程度地介入项目活动。可以说，项目组织没有严格的边界，是临时性和开放性的。这一点与一般企事业单位和政府机构组织很不一样。

6. 项目成果的不可挽回性

项目成果即项目所取得的成果。例如，设计出的新产品取得了专利权或软件著作权。项目不同于其他事情可以试做，做坏了可以重来。项目在一定条件下启动，一旦失败，就永远失去了重新进行原项目的机会，这是由项目的一次性属性所决定的。项目运作有较大的不确定性和风险。

1.1.4 项目的生命周期

每个项目都会经历需求识别、提出解决方案、项目实施和项目结束这样一个过程。人们通常将这一过程称为"项目的生命周期"。

为便于管理，人们将项目的生命周期划分为若干阶段，每个阶段都有一个或数个可交付成果的完成作为标志。其中，可交付成果是指某种有形的、可验证的工作成果。由于不同类型的项目的可交付成果一般都不相同，因此对项目的生命周期各阶段的具体划分也会有所不同。本书综合多种观点，将项目的生命周期划分为启动阶段、规划阶段、实施阶段和收尾阶段，每个阶段都有明确的任务（见图1-1）。项目的生命周期的特性表现为，在项目运行过程中，具有启动阶段较缓慢、规划阶段和实施阶段较快速、收尾阶段又较缓慢的规律。另外，在一般情况下，在项目的生命周期的不同阶段，其成本和人力资源投入的水平也是不同的。

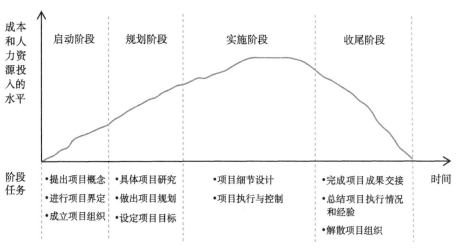

图1-1 项目的生命周期

1.1.5 项目干系人

项目干系人也可以称为项目利害关系者，是指积极参与项目，其利益在项目执行中或成功后将受到积极或消极影响的组织或个人。项目干系人主要包括以下这些人。

（1）项目的业主：项目的投资者或所有者，既可以是项目的最终决策者，也可以是项目的用户或直接实施者。

（2）项目的客户：使用项目成果的组织或个人。

（3）项目经理：项目团队的领导者、组织者和管理者，项目管理的决策者，项目重大决策的执行者。

（4）项目的实施组织：完成一个项目主要工作的企业或组织，是项目产出物的生产者。

（5）项目团队：从事项目全部或部分工作，为实现项目的一个或多个目标而协同工作的组织或群体。

（6）项目其他相关利益主体：项目的供应商、贷款银行和政府主管部门，项目直接或间接涉及的市民、社区和公共社团等。

项目干系人的要求和期望有时是不统一的，他们之间有时会发生冲突。在项目管理中，需要通过一定的手段协调好各方之间的关系，以保证项目目标的实现。

1.1.6 项目分类

项目分类是为了方便对项目进行管理，研究各类项目的特点。常见的项目分类如下。

（1）按行业划分，可以将项目分为建筑类项目、制造类项目、农业类项目、金融类项目和软件实施类项目等。

（2）按层次划分，可以将项目分为宏观类项目、中观类项目和微观类项目。

（3）按产品划分，可以将项目分为新产品开发项目、新技术开发项目和产品改建项目等。

在进行项目管理活动时，人们通常把项目划分到同一个项目类别中，然后根据这个类型的项目特点对项目进行管理。例如，某企业的ERP实施项目可以划分到ERP软件实施项目类别中，然后按照ERP软件实施项目的特点对ERP实施项目进行管理。

1.2　项目管理的概念

1.2.1　项目管理的含义与价值

项目管理是通过系统的管理方法对项目进行高效的计划、组织、指导和控制，以实现在项目的技术、成本、时间和资源（如人员、设备等资源）约束下达成项目目标。根据美国项目管理协会（Project Management Institute，PMI）的定义，项目管理是指在项目活动中运用专门的知识、技能、工具和方法，使项目能够实现或超过项目干系人的需要和期望。从这个定义可以看出，项目管理不仅强调运用专门的知识、技能、工具和方法，还强调项目管理不能忽略项目干系人的需要和期望。

项目管理在发达国家中已经逐步发展成独立的学科体系，成为现代管理学的重要分支，并广泛应用于IT、金融、服务、航空航天及工程等诸多行业。

项目管理是在项目活动中运用知识、技能、工具和方法，对项目进行高效的计划、组织、指导和控制，以保证项目的顺利实施。项目经理面临的挑战是在有限的资源约束下，在不确定的环境、团队和业务过程中，实现不完全确定的产品和服务。日程计划、成本控制和质量标准都给项目经理带来了巨大的压力。

项目管理对组织的价值主要表现在通过项目管理可以在项目的生命周期内不断进行资源的配置和协调，不断做出科学决策，从而使项目执行的全过程处于最佳的运行状态，进而为企业创造巨大的价值。通过项目管理综合协调好进度、费用和质量等控制性目标，可以使企业在财务能力、客户满意度、项目成功率和学习能力及增长指数方面获得极大的改进。

项目管理的另一个重要价值体现就是知识积累。例如，每个项目的成功实施除了会产生新的产品和服务，还会留下宝贵的经验和教训。这些经验和教训经过回顾与总结，就形成了知识，这些知识的积累，必将为后续项目提供有力的支撑。项目管理是理想的知识管理的途径。

1.2.2 项目管理的目标

项目管理的目标就是通过协调好质量、任务、成本和进度等要素之间的冲突，获取平衡，以最小的代价，最大限度地满足客户的需求和期望。项目管理的目标包括必须满足的规定要求和期望要求。规定要求一般包括项目的实施范围、质量要求、利润或成本目标、时间目标及必须满足的法定要求等。期望要求往往会对开辟市场、争取支持和减少阻力等方面产生重要影响。为了高效地完成项目任务，项目经理必须将项目管理的目标任务分解成若干具体的目标，如质量目标、成本目标和工期目标。项目管理的目标必须协调一致，不能互相矛盾。当项目的进度、成本和质量这三个要素发生冲突时，应当采取适当的措施进行权衡，进行优选。在一个项目中，如果任务、质量和进度三个要素中某项是确定的，其他两项是可变的，那么可以控制不变项，对可变项采取措施，以保证项目达到预期的效果。

当项目完成既定的目标，并满足进度、成本和质量这三个要素，同时项目成果被客户接受，就可以认为项目是成功的。项目是否成功，可以从以下七个方面来考量。

（1）是否在规定的时间内完成项目。

（2）项目成本是否在预算范围内。

（3）产品的功能特性是否达到规格说明书所要求的水平。

（4）项目是否通过客户的验收。

（5）项目范围是否变化最小或是否是可控的。

（6）是否有干扰或严重影响整个开发组织的主要工作流程。

（7）是否改变了企业文化或改进了企业文化。

当上述七个方面都符合要求时，可以认为项目是成功的。

项目管理是保证项目成功的手段。项目管理本身不是目标，项目成功才是项目实施的最终目标，也是项目干系人的期望。

1.2.3 项目管理的主要任务和内容

项目管理是以项目经理负责制为基础的目标管理，是按任务组织起来的。项目管理的主要任务包括项目计划、项目组织、质量管理、费用控制和进度控制。日常的项目管理活动通常是围绕这五个基本任务开展的。

项目管理目前已经发展为三维管理，即从时间、知识和保障三个维度，运用系统工程的思想进行项目的全面管理。

（1）时间维度：即把项目的生命周期划分为若干阶段，从而进行阶段管理。

（2）知识维度：即针对项目的生命周期的各个阶段，采用和研究不同的管理技术方法。

（3）保障维度：即对项目的人、财、物、技术和信息等的后勤管理保障。

项目管理涉及多个方面的内容，这些内容可以按照不同的线索进行组织。常见的组织形式有2个层次、4个阶段、5个过程、9个职能和42个要素。

（1）2个层次：包括企业层次和项目层次。从项目管理的不同主体角度来看，包括业主、承包商、监理和用户。

（2）4个阶段：从项目的生命周期阶段角度来看，包括概念阶段、开发阶段、实施阶段和收尾阶段。

（3）5个过程：从项目管理的基本过程来看，包括启动过程、计划过程、执行过程、控制过程和结束过程。

（4）9个职能：从项目管理的职能领域来看，包括项目范围管理、项目时间管理、项目成本管理、项目质量管理、项目人力资源管理、项目风险管理、项目沟通管理、项目采购管理和项目整体管理。

（5）42个要素：从项目管理的知识要素来看，包括项目与项目管理，项目管理的运行，通过项目进行管理，系统方法与综合，项目背景，项目阶段与生命周期，项目开发与评估，项目目标与策略，项目成功与失败的标准，项目启动，项目收尾，项目结构，范围与内容，时间进度，资源，项目费用与融资，技术状态与变化，项目风险，效果度量，项目控制，信息、文档与报告，项目组织，团队工作，领导，沟通，冲突与危机，采购与合同，项目质量管理，项目信息学，标准与规范，问题解决，项目后评价，项目监理与监督，业务流程，人力资源开发，组织的学习，文化管理，项目投资体制，系统管理，安全、健康与环境，法律与法规，财务与会计。

1.2.4 项目管理系统

1. 项目管理系统的概念

项目管理系统是指项目经理应用专门管理项目的系统软件（如 Microsoft Project），在有限的资源约束下，运用系统的观点、方法和理论，对项目涉及的全部工作进行有效管理。它从项目的投资决策开始到项目结束的全过程进行计划、组织、指挥、协调、控制和评价，以实现项目目标。

项目管理系统综合了管理学、计算机科学和行为科学等，是基于现代管理学基础之上的一种新兴的管理学科。项目管理系统把企业管理中的财务控制管理、人才资源管理、风险控制管理、质量管理、信息技术管理和采购管理等有效地进行整合，以达到高效、高质、低成本地完成项目的各项任务的目的。

按照传统的做法，当企业设定了一个项目后，参与这个项目的至少会有好几个项目管理系统部门，包括财务、市场和行政等部门，而不同的部门在执行项目的过程中会不可避免地产生摩擦，相关人员必须从中进行协调，而这必然会增加项目的成本，影响项目的进度。

而项目管理的做法则不同。不同部门的人员因为某个项目而组成团队，项目经理是项目团队的领导者，他的责任就是领导项目团队按时、保质地完成全部工作任务，在不超出预算的情况下实现项目目标。项目经理不仅仅是项目执行者，他参与项目的需求确定、项目选择、计划直至收尾的全过程，并在时间、成本、质量、风险、合同、采购和人力资源等各个方面对项目进行全面的管理，因此，项目管理可以帮助企业处理需要跨领域解决的复杂问题，并实现高效的运营效率。

2. 项目管理系统的功能特征

项目管理系统有助于项目经理有效地控制项目顺利完成。项目管理系统是由一整套过程及有关的管理职能组成的有机整体。项目管理系统的功能如下。

（1）记录、统计与分析功能

项目管理系统可以对项目中各项活动、资源的相关情况进行记录、统计与分析。各项统计可以根据需要设置。在项目执行过程中，项目管理系统随时可以就单个资源、团队资源或整个项目的实际成本与预算成本进行对比分析。这些统计分析数据在计划和汇报工作中都要用到。在项目管理系统中，随时可以显示并打印出每项任务、每种资源（如人员、设备等资源）或整个项目的费用情况，以便对项目执行情况进行监控。

（2）日程表功能

项目管理系统的日程表功能主要用于对项目中各个单项资源或一组资源确定工作时间。我们可以利用日程表功能安排项目的进度计划。一般系统对基本工作时间设置一个默认值，如周一到周五，早上9点到下午5点，中间安排一个小时的午餐时间。对于各个单项资源，可以设置不同的日程表，也可以对一组资源设置相同的日程表。我们可以通过修改日程表对不同资源的需求进行设置。例如，修改上下班时间，按非工作时间输入公司假期，输入各种换班（如白班、夜班），包括节假日及数量单位（如天、周、月）。汇报工作进程时会用到日程表。日程表可以根据每个单项资源按天、周或月打印出来，或者将整个项目的日程打印成一份全面的日程表。

（3）电子邮件发送项目信息功能

项目管理系统很重要的一个功能是可以通过电子邮件发送项目信息。该功能使得用户可以不必通过打印机或屏幕显示，直接从电子邮件中获取信息。通过电子邮件，项目团队成员可以及时了解重大变化，如新的项目计划或进度计划，可以掌握当前的项目工作情况，也可以发出各种业务报表。

（4）图形功能

项目管理系统的图形功能不仅减少了相关人员制作图表的工作量，更重要的是提高了工作效率。对于有大量活动事项的项目工程，人工绘制出一份甘特图或网络图，或者人工进行修改制图是一项极其乏味而又容易出错的工作。项目管理系统能在新的数据资料的基础上简便、迅速地制作各种图表，包括甘特图及网络图。利用项目管理系统建立基准计划后，之后的修改输入系统中，图表会自动反映出这些改变。项目管理系统可以自动地将甘特图中的任务连接起来，形成工作流程。用户可以只用一个命令就能在甘特图和网络图之间来回转换显示。另外，图形和表格通常有这样几个功能供用户使用：进行任务和关系的交互式操作处理；定制格式；显示任务或成本的基准对照表；突出关键路径；放大或缩小显示图像。

（5）导入/导出功能

项目管理系统具有导入/导出功能，即允许用户从其他应用程序，如文字处理、电子表格及数据库程序中获取信息。利用导入功能，就可以不必将电子表格中有关人员或机器的成本信息手工键入项目管理系统，也可以避免输入相互冲突或错误的资料。同样，项目管理系统也可以把信息导出到其他应用程序中。

（6）处理多个项目及子项目功能

项目管理系统提供了处理多个项目及子项目功能。多个项目并行管理功能的应用场景是一位经验丰富的项目经理同时管理好几个项目，而且项目团队成员同时为多个项目工作，在多个项目中分派工作时间。项目管理系统可以将多个项目储存在不同文件中，这些文件相互连接。子项目管理功能的应用场景是有些项目规模很大，需要分成较小的任务集合或子项目。项目管理系统可以在同一个文件中储存多个项目，同时处理几百个甚至几千个项目，并绘制出甘特图和网络图。

（7）制作报表功能

制作报表功能是项目管理系统的基本功能。项目管理系统可以提供的报表有：项目全面汇报报表；项目里程碑报表；项目某个时间段的各种信息报表；项目财务报表；成本/进度控制系统准则报表；项目资源配置报表等。

（8）资源管理功能

项目管理系统提供了一份较全面的资源清单，清单内容包括各种资源的名称、可以利用的时间与极限、标准及过时率、收益方法和文本说明。项目经理可以根据需要对每种资源配以一个代码和一份成员个人的计划日程表，并对每种资源加以约束，如某种资源可以被利用的时间和数量。用户可以按百分比为任务配置资源，设定资源配置的优先标准，为同一任务分配各种资源，并保持对每种资源的备注和说明。项目管理系统能突出显示并帮助修正不合理的资源配置。大部分项目管理软件可以为项目处理数以千计的资源。

（9）计划功能

项目经理利用项目管理系统可以界定需要进行的活动。项目管理软件不仅能维护资源清单，而且能维护一个活动或一份任务清单。用户对每项任务设定一个标题、开始日期与结束日期、总结评价，以及预计工期（包括按各种计时标准的最短、最可能及最长估计），明确与其他任务的先后顺序关系及负责人。通常情况下，项目管理系统中的项目会有几千个相关任务。另外，大部分项目管理软件可以创建工作分解结构（Work Breakdown Structure，WBS），协助开展计划工作。

（10）跟踪功能

项目管理的一项基本工作是对工作进程、实际费用和实际资源耗用进行跟踪管理。项目管理系统支持用户确定一个基准计划，并就实际进程及成本与基准计划里的相应部分进行跟踪比较。项目管理系统能跟踪许多活动，如进行中的或已完成的任务、相关的费用、所用的时间、起止日期、实际投入或花费的资金、耗用的资源，以及剩余的工期、资源和费用等。

（11）进度安排功能

当项目规模较大时，通过人工方式进行进度安排是一项非常复杂的活动，既费时又费力。项目管理系统能为进度安排工作提供广泛的支持。项目管理系统能根据任务和资源清单及所有相关信息制作甘特图及网络图，当资源清单发生变化时，进度安排会自动反映出来。另外，用户还能调度重复任务，制订进度计划，安排任务的优先顺序，进行反向进度安排（从末期到日首期），确定工作轮班，调度占用时间，调度任务，确定最晚开始时间或尽早开始时间，明确任务必须开始日期或必须结束日期。

（12）保密功能

项目管理系统的一个重要功能特征是安全性。有的项目管理软件系统对项目管理软件包自身、单个项目文件、项目文件中的基本信息均设有口令密码。

（13）排序及筛选功能

项目管理系统支持各种排序方式。用户可以利用筛选功能选择出符合具体准则的一些资源。

（14）假设分析功能

项目管理系统一个非常实用的功能是假设分析功能。用户可以利用这一功能来探讨各种情形的效果。例如，在某项目的某一节点上，用户可以向系统询问："如果拖延一周，会有什么结果？"系统会自动计算出拖延一周对整个项目的影响，并显示结果。

1.3　项目管理涉及的专业知识领域

许多管理项目的技术如 WBS、关键路径分析和挣值（Earned Value，EV）管理，对项目管理来说，这些是非常重要的技术手段。但是，对有效的项目管理来说，单纯具有这些技术是不够的，还需要项目团队至少能理解和使用以下五个方面的专业知识领域。

（1）项目管理知识体系。

（2）应用领域的知识、标准和规定。

（3）项目环境。

（4）一般的管理知识和技能。

（5）软技能。

这五个方面的专业知识领域既相互独立，又有交叉，没有一个方面是独立存在的。一个有效的项目团队会将需要的专业知识整合到项目的方方面面。

1.3.1　项目管理知识体系

项目管理知识体系描述了项目管理所需要的知识、技能和工具，包括对项目管理领域来说独特的知识及与其他管理领域交叉的部分，以及通过实践检验并得到广泛应用的通用方法和已经得到部分应用的、先进的创新方法。

项目管理知识体系按所属知识领域可分为九类：项目整体管理、项目范围管理、项目时间管理、项目成本管理、项目质量管理、项目人力资源管理、项目沟通管理、项目风险管理和项目采购管理。在这九类知识领域中，项目范围管理、项目时间管理、项目成本管理和项目质量管理这四类是核心知识领域，项目人力资源管理、项目沟通管理、项目风险管理和项目采购管理这四类是辅助知识领域。表 1-1 概括了项目管理知识体系，它是项目管理从业人员必须熟悉和掌握的知识。

表 1-1 项目管理知识体系

知识领域＼过程类别	启动过程组	规划过程组	执行过程组	监控过程组	收尾过程组
项目整体管理	制定项目章程	制订项目管理计划	指导和管理项目执行	监控项目工作整体变更控制	结束项目或项目阶段
项目范围管理	—	• 收集需求 • 范围定义 • 创建 WBS	—	• 核实范围 • 范围变更控制	—
项目时间管理	—	• 活动定义 • 活动排序 • 估算活动资源 • 活动历时估计（进度管理） • 计划编制	—	进度控制	—
项目成本管理	—	• 成本估计 • 制定预算	—	成本控制	—
项目质量管理	—	质量规划	实施质量保证	实施质量控制	—
项目人力资源管理	—	制订人力资源计划	• 组建团队 • 团队建设 • 团队管理	—	—
项目沟通管理	识别干系人	规划沟通	• 发布信息 • 管理干系人	绩效报告	—
项目风险管理	—	• 规划风险管理（风险识别） • 定性风险分析 • 定量风险分析 • 风险应对	—	监控风险	—
项目采购管理	—	规划采购	实施采购	管理采购	结束采购

（1）项目整体管理在项目管理的知识领域中处于重要位置，其作用是用来协调项目所有各组成部分。它是各个过程的集成，是一个全局性、综合性的过程。项目整体管理的核心就是在多个互相冲突的目标和方案之间做出权衡，以满足项目利害关系者的要求。

（2）项目范围管理实质上是对项目所要完成的工作范围进行管理和控制的一种过程和活动，确保项目不仅完成全部规定要做的工作，而且是仅完成规定要做的工作，最终成功的达到项目的目的。如果项目范围不明确，将导致项目无法终止，因此，项目范围管理的基本内容就是定义和控制列入或未列入项目的事项。

（3）项目时间管理是指保证按时完成项目、合理分配资源、发挥最佳工作效率。

（4）项目成本管理是指为了保证在批准的预算范围内完成项目所必需的全部工作。

（5）项目质量管理是指为了保证项目能够满足原来设定的各种要求而开展的组织、计划、实施、控制和改进活动。

（6）项目人力资源管理是指为了保证有效地使用参加项目者的个别能力而实施的人力计划的编制、项目团队组建和项目团队的建设等活动。

（7）项目沟通管理是保证项目信息及时、准确地提取、收集、传播、存储及最终进行处置的过程。项目沟通管理在成功关键的因素——人、思想和信息之间建立起了联系。沟通就是信息交流。良好的沟通对项目的发展和人际关系的改善都有促进作用。

（8）项目风险管理是指识别和分析项目的不确定因素，并采取应对措施的活动。项目风险管理要把有利事件的结果尽量扩大，而把不利事件的后果降到最低限度。

（9）项目采购管理是指对从项目组织外部获取产品或服务的过程进行管理。

1.3.2　应用领域的知识、标准和规定

项目可以按照应用领域进行分类，同一应用领域内的项目有一些公共元素，这些公共元素对某些项目来说是重要的因素。应用领域通常根据以下四个方面来分类。

（1）职能部门和支持领域，如法律、产品和库存管理、市场营销、后勤和人事等。

（2）技术因素，如软件开发、水利和卫生工程及建筑工程等。

（3）管理专业领域，如政府合同、地区开发和新产品开发等。

（4）工业组织，如汽车、化工、农业和金融服务等。

每个应用领域通常会有一系列公认的标准和实践，并经常以规则的形式成文。

1.3.3　项目环境

项目团队应该在充分了解项目的社会环境、政治环境和自然环境的背景下开展项目活动。社会环境需要项目团队认识并理解项目是如何影响人的，以及人是如何影响项目的，这就要求对项目所影响的人或对项目感兴趣的人的经济、人口、教育、道德、

种族、宗教和其他特征有所了解。政治环境需要项目团队熟悉影响项目的一些适用的国际、国家和地区的法律法规。自然环境需要项目团队考虑如果项目会影响到自然环境，那么团队成员就应该对影响项目或被项目所影响的当地的生态环境和自然地理非常了解。

1.3.4　一般的管理知识和技能

管理是人类各种组织活动中最普通和最重要的一种活动。管理通过计划、组织、人事、执行和控制等职能来支持一个正在运行的企业的运作。管理涉及的学科领域有以下九个。

（1）财务管理和会计。

（2）购买和采购。

（3）销售和营销。

（4）合同和商业法律。

（5）制造和分配。

（6）后勤和供应链。

（7）战略计划、战术计划和运作计划。

（8）组织结构、组织行为、人事管理、薪资、福利和职业规划。

（9）健康和安全。

一般的管理知识是构建项目管理技能的基础。

1.3.5　软技能

软技能就是激活人资的能力，即调动别人的资源和知识的能力，以及调动自己所掌握的知识进行创造性思维的能力。软技能由一系列能够反映个人特质的要素组成，这些要素包括一个人的人格特质、社交能力、与人沟通的能力、语言能力和个人行为等。项目管理需要的软技能包括沟通能力、影响组织的能力、领导能力、激励他人的能力、谈判和冲突管理的能力及问题解决的能力。

1.4 IT 项目的特征与管理过程

1.4.1 IT项目的产生

IT 项目是指建设一个信息系统的工程项目，其中建设是手段，信息系统是目标。IT 项目的产生有各种不同的原因，可能是因为组织的信息化需要而产生，也可能是由 IT 企业根据市场情况和趋势分析，从市场利益出发，研究投资机会而确定的 IT 项目。从信息系统的构成来看，构建一个信息系统将涉及以下五个方面的工作。

（1）硬件系统环境设计，包括网络环境的设计方案、施工方案、设备选型、采购计划、兼容性等方面的内容，以及根据实际需要搭建硬件平台。

（2）软件系统设计，如选择系统软件，以及选择或开发应用软件系统。

（3）帮助客户规划和整理数据资源，并将这些数据资源应用于其软件系统。

（4）与客户共同建立信息系统的运行规则，并构建知识体系。

（5）在项目实施过程中不断与客户进行沟通，使构建的信息系统让客户满意。

1.4.2 IT项目的特征

IT 项目的特征如下。

（1）有明确界定的目标。一个项目的目标通常依照其工作范围、进度计划和成本来设定。项目通过完成一系列相互关联的任务来实现项目目标。

（2）执行项目任务过程中需要运用各种资源。这些资源包括人员、数据、知识、设备和辅助管理工具等。

（3）每个项目都有明确的开始时间和结束时间。项目目标应该在某一时间段内实现。

（4）每个项目都是独一无二的、一次性的努力。

（5）每个项目都有客户或潜在的目标客户。

项目是一次性任务。项目计划的假定、完成任务需要的时间、资源估计和费用预算产生的不确定性给项目的实施带来了风险。IT项目在某些方面表现得更加特殊，需要特别关注。IT项目技术含量高，参与项目实施的技术人员需要经过专门的技术培训，项目管理人员需要具备一定的经验。这种高技术含量的项目在执行中也会带来高风险。IT项目属于智慧型、知识型项目，需要创造性的智慧活动才能保证项目的成功。IT项目中的许多资源、工作是可以复制或重复的，但是任何一个项目本身都是不一样的，甚至可以说是全新的。项目的独特性在IT领域表现得尤为突出，厂商不仅向客户提供产品，更重要的是根据客户的要求向其提供不同的解决方案。即使有现成的解决方案，厂商也要根据客户的要求进行一定的客户化工作，因此每个项目都有所不同。项目的这种独特性对实际管理项目有非常重要的指导意义。

1.4.3 IT项目的特殊性

IT项目的特殊性如下。

（1）目标不精确

从理论上来说，项目应该有明确的目标，IT项目也不例外。但实际情况是，大多数IT项目的目标很不明确，经常出现任务边界模糊的情况。而且，IT项目的质量要求主要是由项目团队设定，而不是客户。这是因为在信息系统开发中，客户往往会在项目开始时提不出明确的需求，只能提出一些初步的功能要求，因此信息系统项目的任务范围在很大程度上取决于项目团队所做的系统规划和需求分析。由于大多数客户对信息技术的各种性能指标不熟悉，因此信息系统项目所应达到什么样的质量要求主要由项目团队设定，客户则主要负责审查。而项目团队对业务细节不是很熟悉，因此，为了更好地设定或审查信息系统项目的任务范围和质量要求，客户可以聘请信息系统项目监理或咨询机构来监督项目的实施情况。

（2）目标的渐进性

控制项目的变更是因为IT项目的产品或服务事先不可见，在项目前期只能粗略地进行项目定义，随着项目的进行才能逐渐完善和明确，这便是项目的渐进性。在这个逐渐细化的过程中，一定会进行很多修改，产生很多变更。因此，在项目执行过程中，要注意对变更的控制，特别是要确保在细化过程中尽量不要改变工作范围，否则项目可能永远做不完。

对于 IT 项目，如果刚开始项目提供什么没能定义清楚或未达成一致，那么最终交付产品或服务时容易产生纠纷，造成不必要的商务和名誉损失。因此，项目团队必须在项目开始前通过合同（或等同文件）明确地描述或定义最终的产品是什么。

（3）不确定性

不确定性是指 IT 项目不可能完全按计划完成。由于项目计划和预算本质上是一种预测，在执行过程中与实际情况难免有所差异。另外，在项目执行过程中可能还会遇到各种风险和意外，使项目不能按计划运行，因此，在项目管理中，必须制订切实可行的项目计划。

在项目执行过程中，会遇到各种问题，而且往往没有现成的处理方法，这就要求项目经理必须掌握必要的工具和方法，抓住整体过程和控制要素，在一些基本原则的指导下对问题进行具体分析，根据实际情况进行灵活应对。因此，项目管理不应照搬照套固定流程或模式。

（4）需求变化频繁

IT 项目任务边界的模糊性和目标的渐进性特征，使 IT 项目进展中客户需求发生变化，从而导致项目进度、项目费用等不断发生变化。往往项目团队已经做好了系统规划、可行性研究，也与客户签订了技术合同，但是随着项目的推进，客户的需求不断地被激发，导致程序、界面及相关文档需要经常修改。而且，在修改过程中可能会产生新的问题，这些问题很可能经过相当长的时间后才被发现，这就要求项目经理要实时监控项目计划的执行情况。

（5）智力密集型

IT 项目属于智力密集型项目。IT 项目团队成员的结构、责任心、能力和稳定性对信息系统项目的质量及是否成功有决定性的影响。

IT 项目工作的技术性很强，各阶段都需要大量高强度脑力劳动。同时，IT 项目各阶段还需要大量的手工劳动。因此，IT 项目的完成程度与参与人员的智力和创造力有着直接的关系。

IT 项目的核心是应用软件系统。而应用软件是不可见的逻辑实体，如果人员发生流动，对没有信息系统开发实践经验的人员来说，很难承接信息系统的后续实施工作。另外，信息系统的开发带有较强的个人风格。只有充分发掘项目团队成员的智力才能和创造精神，才能实现高质量的项目。这就要求项目团队成员不仅要具有一定的技术水平和工作经验，而且要具有良好的心理素质和较强的责任心。

从以上可以看出，IT项目与其他项目一样，都需要在项目整体管理、项目范围管理、项目时间管理、项目成本管理、项目质量管理、项目人力资源管理、项目沟通管理、项目风险管理和项目采购管理这九类知识领域中进行全面管理。

1.4.4　IT项目管理过程

现代项目管理认为，项目是由一系列的项目阶段构成的一个完整过程，而各项目阶段又是一系列具体活动构成的一个工作过程。这里所说的过程是指能够生成具体结果的一系列活动的组合。

1. 项目管理过程

项目过程可以看成是项目的生命周期内产生某种结果的行动序列。项目过程包含实现过程和管理过程两个方面。项目实现过程是指人们为创造项目的产出物或交付物而开展的各种活动所构成的过程。一般是用项目的生命周期来说明和描述项目实现过程的活动与内容。项目管理过程是指在项目实现过程中所开展的项目的计划、决策、组织、协调、沟通、激励和控制等方面活动所构成的过程。不同的项目的实现过程需要不同的管理过程的支持，它们从时间上是相互交叉和相互重叠的，从作用上是相互制约和相互影响的。

项目管理过程一般由项目启动、项目规划、项目执行与监督和项目收尾四个阶段组成。

（1）项目启动

项目启动是一个识别新项目的过程，始于某个触发条件（如招标、上级命令、商业机会），止于在项目目标的渐进明细。通常该阶段会有持续时间较长的论证，以免给投资者造成损失。在项目目标达成一致后，由项目经理带领项目团队开展项目的各项计划工作。

（2）项目规划

项目规划阶段是为实现在启动阶段提出的目标而制订项目计划的过程。一般来说，用户通过实施方的项目方案，并签订合同后便进入该阶段。该阶段要为已经做出决策要实施的项目制订工作计划、成本计划、质量计划、资源计划和集成计划等。制订项目计划的目的是指导项目的具体实施。除了制订项目计划，还需要开展必要的项目设计工作，其中包括项目产出物的技术方面、质量方面、数量方面和经济方面等的要求和规定。

（3）项目执行与监督

项目执行是指正式开始为完成项目而进行的活动工作过程。由于项目最终可交付成果是在这个过程中产生的，因此这个过程是项目管理过程中最重要的环节。项目执行的依据主要是项目实施计划，以及组织政策、预防措施和纠偏措施。项目执行过程涉及人员和资源的协调，以便使项目在预算范围内按计划顺利完成。项目资源的调配以项目计划为依据，目的是使所需资源按时到位，并可以根据项目的实际情况对资源做出合理的调整，保证项目能够按计划顺利进行。

项目监督是围绕项目实施计划，跟踪进度、成本、质量和资源，掌握各项工作现状，以便进行适当的资源调配和进度调整，以使项目按计划规定的进度、技术指标完成。

（4）项目收尾

项目收尾阶段的主要工作是项目组织开展项目完工工作，即全面检验项目工作和项目产出物，对照项目启动阶段和项目规划阶段所提出的项目目标与各种要求，确认项目是否达到目标与要求。当发现项目存在问题或缺陷时，应开展相应的返工与整改工作，使项目最终达到目标与要求。

一般来说，项目收尾包括合同收尾和管理收尾两部分。合同收尾就是依照合同，看是否完成了合同所有的要求，是否可以结束项目。管理收尾就是对项目产出物的验收正式化而进行的项目成果验证和归档。

2. IT 项目的管理过程

不同的 IT 项目的立项和管理过程有所不同。按照项目的来源，IT 项目的立项过程可以分为：国家各级政府根据信息化发展的需要提出，经过组织论证后确立的项目；企业根据自身发展战略、竞争、管理需要提出项目需求，经过可行性论证后确立的项目。不同的 IT 项目的管理过程简述如下。

（1）IT 产品研发类项目的管理过程

IT 产品研发类项目的来源主要有 IT 企业经过机会分析和可行性研究后确立的项目、国家各级政府及企业委托的 IT 科研项目。这些 IT 项目的共同特点是，项目成果的委托人不是用户。IT 产品研发类项目的管理过程可以分为项目申请阶段、研发过程阶段和项目成果鉴定阶段三个阶段。项目申请阶段的目标是争取得到项目，因此建立具有竞争力的项目团队很关键。研发过程阶段的主要工作是确定合理的技术路线，开展项目研究。项目成果鉴定阶段的主要工作是项目验收和成果交付。申请项目的过程可能要经过几轮筛选，但不需要经过招标过程。IT 产品研发类项目主要是探索性的，在项目执行中没有太多可以借鉴的成功案例，因而有很多不确定的因素。项目目标一般并不是为实用而设定的。项目的需求主要由项目团队自行把握。要想使项目成果真正实用，还需要一个产品化的过程。另外，IT 产品研发类项目的管理通常以目标管理为主，项目进度以里程碑管理为准。

（2）IT 应用软件开发类项目的管理过程

IT 应用软件开发类项目一般来自政府机构、企业和学校等单位，目的是实现其管理的信息化。在实施这类项目前，若企业现有一些信息系统，此时需要开发方重视并重新审视这些信息系统，同时需要考虑集成整合、兼容、标准化和统一规范等问题。IT 应用软件开发类项目的管理过程可以分为项目需求分析、项目方案设计与确认、项目研制、项目验收与成果交付四个阶段。在项目需求分析阶段，首先由客户提出需求，与实施方进行洽谈，实施方提供设计方案并进行演示，客户确定项目方案，实施方对客户开展深入调研。在项目方案设计与确认阶段，实施方在对客户进行深入调研的基础上提出项目的总体设计方案和详细设计方案，客户满意后立即与实施方签订合同。在项目研制阶段，实施方根据前期方案开始进行系统开发工作。在项目验收与成果交付阶段，实施方完成系统开发后交给客户试用，若客户满意，则通过验收，否则需要对系统进行修改。IT应用软件开发类项目的管理过程相对复杂，不可控因素较多，因此难度较大。

（3）IT系统集成类项目的管理过程

IT系统集成类项目由于项目团队成员多且专业化，涉及的单位多且协调工作量大，项目周期短且采用大量新技术，项目风险大，同时项目包含的内容复杂，涉及网络工程、网络系统集成、软件集成、软件定制开发、系统培训与维护等，因此其管理过程较复杂。IT系统集成类项目中的工作重点是确定合适的解决方案，选择适合的软硬件产品，综合各自的特点，适当做一些客户化定制工作，以满足客户的需要。IT系统集成类项目的管理过程可以分为可行性研究、系统分析、系统设计、项目实施、集成测试和系统运行维护六个阶段。

（4）IT管理咨询项目的管理过程

IT管理咨询项目的内容可以分为IT规划类、系统实施类和规划实施类三类。IT规划类项目的内容包括评估现有的IT系统建设状况、分析值得改进的点、规划IT建设蓝图。做IT规划类项目涉及的工作内容有流程优化、系统架构、软件选型、云平台和数据库的选择等。系统实施类项目的内容主要是承接IT规划做某个应用软件的实施，如ERP软件。做系统实施类项目涉及的工作内容有用户需求分析，客户化与二次开发，系统测试、部署、上线和用户培训等。规划实施类的IT管理咨询项目的管理过程可以划分为项目规划设计、系统建设、系统上线、系统运行与维护四个阶段。

习题

一、概念解释

请对以下概念做出正确解释：项目、项目干系人、项目管理、项目管理系统、项目管理知识体系、IT项目。

二、选择题

1. 下面（　　）不是项目本身所固有的特性。

A. 独特性　　B. 一次性　　C. 时限性　　D. 目的性

2. 与传统的项目管理相比，现代项目管理中更加重视（　　）。

A. 成本管理　　B. 沟通管理　　C. 时间管理　　D. 风险管理

3. 不同的项目的共同特点有（　　）。

A. 明确的起止时间　　　　B. 既定的目标

C. 采用相同的开发方法　　D. 受到资源的限制

4. IT 应用系统开发项目管理的目标是（　　）。

A. IT 项目　　B. IT 项目团队　　C. 应用系统　　D. 项目管理系统

5. 下面（　　）不属于项目管理的辅助知识领域。

A. 质量管理　　B. 人力资源管理　　C. 沟通管理　　D. 风险管理

三、简答题

1. 项目管理与企业的日常管理的区别是什么？

2. 什么是基准计划？

3. 如何判定一个项目是否成功？

4. IT 项目有哪些特征？

5. IT 管理咨询项目的管理过程包括哪些阶段？

四、案例分析题

某石化行业的信息化项目是一个大型项目，甲公司在竞标中中标。为了赢得这个项目，甲公司在合同谈判过程中，针对客户提出的一些要求，如缩短工期和增加某些功能未提出异议。由于项目工期紧张，甲公司选择了项目经理李某负责该项目。项目经理李某在甲公司一直从事石化行业的项目咨询、设计和开发工作，对石化行业非常熟悉，技术水平很高。

李某带领项目团队根据客户要求的工期制订了项目计划，但项目执行到第一阶段，就没有按计划进度完成。由于项目刚开始，李某担心客户终止合同，因此他没有把实际情况告知客户。接下来，项目团队在解决客户提出的增加某些功能需求时遇到了一个技术问题，李某带领项目团队进行技术攻关，耗费了几周的时间，终于解决了这个问题。此时，项目进度严重滞后。

甲公司已建立项目管理体系，该项目的办公自动化（Office Automation，OA）本应按照公司的要求对项目进行过程检查，但李某认为这会影响项目进度，因此该项目没有按公司规定进行过程检查。当客户到甲公司检查项目工作时，发现项目进度严重滞后，并且已经完成的部分也没有达到质量要求。

1. 根据上述资料回答以下问题。

（1）该项目的实施过程中存在哪些问题？请逐条说明，并给出正确的做法。

（2）除了要具备行业知识和专业技术知识，项目经理李某还应具备哪些知识和能力？

2. 判断下面说法的正误。请在后面的括号里打"√"或"×"。

（1）对小型项目来说，可以选择技术能力较强的项目经理。（　　　）

（2）大型项目的项目经理的管理工作应该以间接管理为主。（　　　）

（3）公司的项目必须按照公司定义的完整项目管理流程执行。（　　　）

第2章

项目管理方法与工具

知识框架图

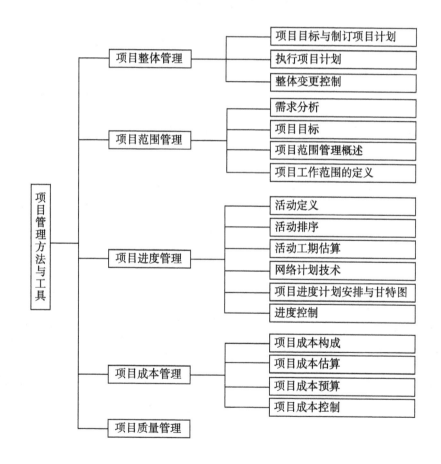

学习目标

1. 了解项目整体管理的过程与项目范围的概念。

2. 了解项目进度管理的重要性和项目进度控制的原则与方法。

3. 了解项目成本管理的概念和项目成本构成。

4. 了解项目质量管理的重要性。

引例

某市电子政务信息系统工程项目

某市电子政务信息系统工程的总投资金额为500万元，主要包括网络平台建设和业务办公应用系统开发。通过公开招标，确定工程的承建单位是A公司，按照《中华人民共和国合同法》的要求，与A公司签订了工程建设合同，并在合同中规定A公司可以将机房工程这样的非关键性子工程分包给具备相关资质的B公司。B公司又将非关键性子工程转给了C公司。在信息系统建设过程中，监理工程师发现A公司提交的需求规格说明书质量较差，而且机房工程装修质量也不符合要求，故要求其进行整改。A公司的项目经理丁某在接到监理工程师的通知后，对于第二个问题，拒绝了监理工程师的要求，理由是机房工程由B公司承建。对于第一个问题，项目经理丁某把任务分派给程序员张某进行修改。此时，信息系统的设计工作已经开始，程序员张某独自修改了已进入基线的程序，项目经理丁某默许了他的操作。程序员张某在修改了需求规格说明书后，采用邮件的方式通知了系统设计人员。在合同生效后，项目经理丁某开始编制项目计划，正式启动项目。在项目汇报会议上，项目经理丁某向A公司管理者递交了项目进度计划。A公司管理者在阅读项目进度计划后，对项目经理丁某指出的各项任务之间的关联关系不够清晰，要求其修改计划。在计划实施过程中，由于用户方要求提前两周完工，项目经理丁某又修改了项目进度计划，项目最终按时完工。

☰ 问题

1. 项目经理丁某在合同生效后应该如何进行项目计划的编制？

2. 在项目执行过程中，由于程序员张某独自修改了已进入基线的程序，项目经理丁某默许了他的操作，丁某的处理方式是否正确？

3. 该项目在哪些方面需要改进？

2.1　项目整体管理

项目整体管理是项目管理中一项综合性和全局性的工作。项目整体管理必须协调项目的生命周期中有关八类知识领域涉及的所有过程，确保项目资源在正确的时间进行组合，从而成功地完成项目。这八类知识领域为项目范围管理、项目时间管理、项目成本管理、项目质量管理、项目人力资源管理、项目沟通管理、项目风险管理和项目采购管理。项目整体管理是项目成功的关键。在项目的生命周期中，企业高层管理人员的支持、参与是非常重要的。另外，项目管理中一个非常重要的角色是项目经理，他既要负责协调项目的人员、计划及工作，也要负责向企业高层管理人员汇报重要的项目信息。当各项目的目标之间或参与项目的人员之间出现冲突时，由项目经理定夺。项目经理必须协调、贯穿项目的生命周期的所有知识领域。

项目整体管理包括的主要过程如下。

（1）制订项目计划。收集其他计划编制过程的结果，并将它们整合成一个协调一致的项目计划。这里所说的项目计划是整体的项目计划。

（2）执行项目计划。执行项目计划，即执行项目计划所包含的相关活动。

（3）整体变更控制。除了协调和整合项目内的各个方面，整个项目管理还应整合项目外的许多方面。一个好的项目计划对于跨知识领域和跨组织的集成是很有必要的。

2.1.1　项目目标与制订项目计划

1. 项目目标

项目目标是项目实施后所要达到的预期结果，即项目所能交付的成果或服务。项目的实施过程实际上是一个追求既定目标的过程。在制订项目计划时，需要全面确定项目的目标和范围。虽然不同的利益相关者有不同的动机和期望，但项目目标应该是他们共同的目标。项目目标应该关注预期的交付，而不是项目的任务。

一般来说，项目目标可以从功能和控制两个方面来确定。功能目标和控制目标是统一的。功能目标是基础。没有功能目标，行动就没有方向。在设计与实施分离的模式下，实施者需要关注质量、进度、成本和安全等控制目标，这也是衡量实施目标管理或设计项目管理成功与否的标准。但是，对客户来说，不仅要关注控制目标，更要关注功能目标，如商业智能目标、信息资源积累与开发目标、管理规范化目标和科学化目标等。

2. 制订项目计划

项目计划是用于协调其他计划以指导项目实施和控制的文件。项目计划的制订是基于项目目标，在项目范围内，按照要求和质量标准，在项目成本预算范围内进行，它是一种综合管理计划。在项目策划阶段，项目管理方法论帮助项目团队制订项目计划，并控制项目计划的变更。制订项目计划是项目经理的一项重要工作。

制订项目计划时需要回答的6W2H关键问题如下。

（1）What：做什么项目？项目目标是什么？

（2）Whom：项目是为谁而做？项目发起人是谁？最终用户是谁？

（3）Who：谁是项目经理？项目团队有哪些成员？

（4）When：何时开始项目活动？何时进行项目评审？何时需要进行工作汇报？何时提交产品或服务？

（5）Where：在哪里实施项目？最终产品提交到哪里？

（6）Why：组织为何要实施该项目？实施该项目要达到什么样的目的？

（7）How much：项目的预算是多少？

（8）How to do：如何实施项目？要用到哪些技术和工具？应遵循怎样的程序？

项目计划的内容主要包括项目范围说明书、项目工作分解图、项目风险管理计划、项目进度表、项目预算表和项目质量保证计划等。

2.1.2 执行项目计划

执行项目计划是指管理和运行项目计划中所规定的工作。好的项目计划是项目成功的一半，另一半在于实施和控制。项目的大部分时间和预算都花在项目执行阶段。这一阶段的主要工作任务如下。

（1）通过开展活动来达到项目要求。

（2）创造项目的可交付成果。

（3）配备、培训和管理项目团队成员。

（4）获取、管理和使用资源，包括工具、设备和设施。

（5）建立并管理项目沟通渠道。

（6）生成项目数据，如成本、进度、质量、技术和项目状态等。

（7）提出变更请求，并根据项目范围、项目计划和环境来实施批准的变更。

（8）控制风险，并实施风险应对措施。

（9）管理销售方和供应商。

（10）总结经验与教训，并实施批准的过程改进活动。

2.1.3 整体变更控制

在项目管理知识体系中，整体变更控制是指审查所有变更请求、批准变更、管理可交付成果、项目文件和项目管理计划的变更的过程，在项目的生命周期的全过程中传达变更处理结果。整体变更控制的主要功能是确保对项目中记录的变更进行全面审查。如果不考虑变更对项目的目标或计划的影响而进行变更，往往会增加项目的整体风险。这个过程需要在整个项目中进行。

对项目经理来说，项目过程中发生变化是很正常的，但是面对这些变化，对项目指导委员会来说，应遵循一些原则来管理变更过程，即进行项目对标和变更过程管理标准化。项目变更的实质是不断调整项目的方向和资源的配置，最大限度地满足项目的需求，提升项目的价值。项目变更的原因可能是产品范围或项目范围定义的疏忽，可能是增值性的变化，可能是应对风险的应急预案或规避预案，可能是由于项目实施过程与基准要求不一致造成的被动调整，也可能是外部事件。

项目变更对项目的整体实施起着重要作用，必须遵循以下三个原则。

（1）保持原有的项目绩效评价指标体系

项目绩效评价指标体系是一个规范化、专业化的体系，在项目发生变更时不可修改，要避免项目标准的不连续性和不统一性，以免增加项目绩效评价和项目验收的难度。

（2）项目计划的实施应有相应的项目成果

项目变更的结果可能导致项目结果的变更，从而导致项目总体规划的变更。因此，必须根据项目结果更新项目计划，保证项目结果与项目计划的一致性。

（3）项目变更的完整性

基于系统的观点，项目系统中的任何单个任务的改变都会实现项目其他方面的目标。因此，在进行项目变更控制的同时，既要关注项目变更的部分，也要从整体上协调受项目变更影响的其他部分，防止产生过大的负面影响，从而顺利实现项目变更的整体控制。

整体变更控制的主要依据是项目计划、绩效报告和变更申请。项目计划提供了控制变更的基线计划。绩效报告提供了项目绩效信息，可以提醒项目团队注意未来可能出现的问题。变更申请可以采取口头或书面的形式，可以是直接的或间接的，既可以是内部也可以是外部，既可以是强制性的也可以是选择性的。

整体变更控制的工具包括变更控制系统、配置管理程序、绩效评估技术、辅助计划技术和项目管理信息系统。下面仅介绍变更控制系统。

变更控制系统是一系列正式的、文件化的程序，这些程序定义了如何监控和评价项目绩效。变更控制系统包括正式项目文件变更、文件工作、跟踪系统和用于授权变更的批准层次等步骤。

2.2 项目范围管理

项目范围是指为实现项目目标而必须完成的所有工作。根据需求分析的结果，可以通过定义交付和可交付的标准来定义项目范围。可以根据项目目标分解项目范围。项目范围表明，为了实现项目目标可以完成哪些工作，或者为了结束项目可以完成哪些工作。没有项目范围的定义，这个项目可能永远完不成。要严格控制项目范围的变化，一旦失控，就有可能会出现以下情况：一方面，做了大量与实现项目目标无关的额外工作；另一方面，额外工作影响了项目目标的实现，给企业造成了经济和名誉的双重损失。

2.2.1 需求分析

需求也就是用户的需要，它包括用户要解决的问题、达成的目标及实践这些目标所需要的条件，它是一个程序或系统开发的说明，表现形式一般为文档。

在项目管理中，需求包括以下四个层次。

（1）业务需求：反映组织或客户对系统、产品高层次的目标要求。

（2）用户需求：描述用户使用产品必须要完成的任务。

（3）功能需求：定义软件功能，允许用户完成任务，从而满足业务需求。

（4）非功能需求：描述系统向用户演示和执行的操作。非功能需求包括标准、规范和限制，产品必须遵守的要求，以及操作的具体细节和接口结构要求。

2.2.2 项目目标

项目目标是指预期的结果或最终的软件产品。项目具有多目标的特点，其目标系统通常表现为一个层次结构。不同层次的目标的重要性是不同的。最高层是总体目标，它指明了需要解决的问题和预期的结果；最底层是具体的目标和细节，它指明了解决问题的具体措施和步骤。通常上层目标可能是模糊的和不可控的，而下层目标必须是具体的、明确的和可衡量的。因此，层次越低，目标就越具体、越可控。

项目目标的确定有一个从一般到具体逐步细化的过程。在定义和描述项目目标时，可以考虑以下几个原则。

（1）量化原则。尽可能地量化描述，使每个目标的范围、时间、成本、绩效和责任都清晰、可衡量、可监控。

（2）个性化原则。每个目标都应该落实到项目团队的每位成员身上，让他们清楚地了解自己的工作和职责。

（3）简化原则。对目标的描述应该简单直接，这样每位参与者都能清楚无误。

（4）现实原则。每个目标都是可以实现的，而不是追求理想的结果。

2.2.3　项目范围管理概述

项目范围管理是指对项目工作范围从立项到完成的全过程进行管理和控制。项目范围包括完成项目、实现项目目标和获得项目产出物所需的所有工作。

项目范围管理的主要内容如下。

（1）项目启示工作：包括拟定项目说明书、分析项目决策是否开展、选派合格的项目经理等。

（2）项目范围界定：根据项目产出物的要求与描述和项目目标，全面界定一个项目的工作和任务的项目范围管理工作。

（3）确定项目范围：即项目的业主/客户或其他项目决策者确认并接受通过项目范围界定工作而给出的项目范围和任务，并将项目范围确认书编制成正式文件。

（4）制订项目范围计划：即由项目组织编制项目范围说明文件。项目范围说明文件规定了项目的产品范围和工作范围，以及项目范围内规定的任务的计划和安排，是未来项目各阶段前期工作的决策依据。

（5）项目范围变更控制：即对由项目的业主/客户、项目组织或项目团队及其他利益相关者提出的项目范围变更所进行的控制和管理工作。

项目范围管理在整个项目管理中起着决定性的作用。一般情况下，在项目的不同阶段都需要开展项目范围管理工作。

2.2.4 项目工作范围的定义

项目工作范围是以项目范围规划的成果为依据,把项目的主要可交付产品和服务划分为更小的、更容易管理的单元,即形成 WBS。

WBS 是将项目逐层分解成一个个可执行的任务单元,这些任务单元构成了整个项目的工作范围。

项目工作范围的结构分解强调的是结构性和层次性,即按照相关性规则将一个项目分解开来,得到不同层次的项目单元,然后对各项目单元进行进一步的分解,得到不同层次的活动单元,从而清晰地反映项目实施所涉及的具体工作内容,最终形成 WBS 图表。项目干系人可以通过 WBS 图表看到整个项目的工作结构。

常用的 WBS 的表示形式有树形图和缩进图两种。树形图类似组织结构图,缩进图类似分级的图书目录。某 IT 集成项目的 WBS 表(部分)如表 2-1 所示。

表 2-1 某 IT 集成项目的 WBS 表(部分)

1.1 项目管理	1.4 系统开发与采购
1.1.1 项目计划	1.4.1 软件开发
1.1.2 文档管理	1.4.2 采购
1.2 需求分析与确认	1.5 集成实施
1.2.1 需求分析	1.5.1 网络集成
1.2.2 可行性研究	1.5.2 软件集成
1.2.3 立项审批	1.5.3 培训
1.2.4 初步方案设计	1.6 测试与验收
1.3 系统设计与评价	1.6.1 外部测试
1.3.1 网络系统设计	1.6.2 初步验收
1.3.2 应用系统设计	1.6.3 试运行
1.3.3 设计评价	1.6.4 最终验收

WBS 的最底层的项目可交付成果称为工作包。工作包具有以下特点。

(1)可以分配给另一位项目经理进行计划和执行。

(2)可以通过子项目的方式进一步分解为子项目的 WBS。

(3)可以在制订项目进度计划时进一步分解为活动。

（4）可以由唯一的部门或承包商负责。

（5）应考虑 80 小时法则，即任何工作包的完成时间应当不超过 80 小时。在每个 80 小时或少于 80 小时结束时，只报告该工作包是否完成。通过这种定期检查的方法，项目变更是可以控制的。

2.3 项目进度管理

有了明确的项目目标、项目工作范围和 WBS 图表后，接下来还需要制订一个明确可行的项目进度计划。如果不能按时完成项目里程碑目标，项目变更后不能及时调整项目进度，往往会导致项目半途而废或项目进度严重滞后。

项目进度管理的内容包括活动定义、活动排序、活动工期估算、网络计划技术、项目进度计划安排与甘特图、进度控制等。

2.3.1 活动定义

可以将项目工作分解为更小的、更容易管理的工作包，这些工作包也称为活动或任务。这些小的活动应该是能够保障完成交付产品的可实施的详细任务。在项目执行过程中，要在一份活动清单中列出所有活动，并且让项目团队的每位成员能够清楚有多少工作需要处理。表 2-2 为某 IT 集成项目活动清单（部分）。

表 2-2　某 IT 集成项目活动清单（部分）

序号	作业代号	活动内容	先行活动	天数
1	A	需求分析	—	6
2	B	可行性研究	—	3
3	C	立项审批	B	2
4	D	初步方案设计	A、C	2
5	E	网络系统设计	C	1
6	F	设计评价	C	2

（续表）

序号	作业代号	活动内容	先行活动	天数
7	G	采购	D、E、F	3
8	H	集成实施	D、E	2
9	I	测试与验收	G、H	10

2.3.2 活动排序

根据项目描述和活动清单，可以找出项目活动之间的依赖关系和特殊领域的依赖关系，以及工作顺序。在进行项目活动关系的定义时，一般采用优先图示法、箭线图示法、条件图示法和网络模板法四种方法，最终形成一套项目网络图。图2-1为某IT集成项目网络图（部分）。

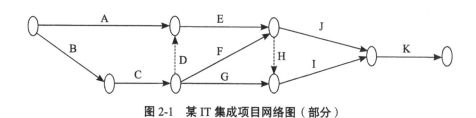

图 2-1　某 IT 集成项目网络图（部分）

2.3.3 活动工期估算

活动工期估算是根据项目范围、资源状况计划列出项目活动所需要的工期。

在估算活动工期时，要充分考虑活动清单、合理的资源需求、人员的能力、风险及环境因素对活动工期的影响。一般来说，活动工期估算可以采取以下三种方式。

（1）专家评审：由有经验、有能力的人员进行分析和评估。

（2）类比估算：将以往类似活动的数据作为未来活动工期估算的依据，计算活动所需时间。

（3）根据工作量估算：由工程或设计部门确定每项具体工作种类所需完成的数量（如程序代码行等）乘以单位生产率（如每千行代码用多少小时等）后，就可以用来估算活动所需时间。

在活动工期估算中，可以预留一定比例作为冗余时间，以应付项目风险。随着项目的推进，冗余时间会逐渐减少。

2.3.4 网络计划技术

网络计划技术包括关键路径法和计划评审技术（Program Evaluation and Review Technique，PERT）。这两种方法是独立发展起来的，但基本原理是相同的，即用网络图来表达项目活动及其相互关系，在此基础上进行网络分析，计算网络中的时间参数，确定关键活动和关键路线，并利用时差对网络进行调整和优化，以获得最短的工期。由于这两种方法都是通过网络图和相应的计算来反映整个工程的全貌，因此将它们称为网络计划技术。

（1）关键路径法

关键路径法是一种非常实用的时间管理方法。它的工作原理是：计算每个最小任务单元的持续时间，定义最早的开始时间和结束时间、最晚的开始时间和结束时间，根据活动之间的关系形成一个有序的网络逻辑图，找出必要的最长路径。图2-2是某IT集成项目的关键路径。图中，ES为最早开始时间，EF为最早结束时间，LS为最晚开始时间，LF为最晚结束时间。从活动A开始到活动K结束有七条路径：A→E→J→K，耗时20天；A→E→I→K，耗时21天；B→C→E→J→K，耗时19天；B→C→E→I→K，耗时20天；B→C→F→J→K，耗时18天；B→C→F→I→K，耗时19天；B→C→G→I→K，耗时20天。其中，A→E→I→K最长，耗时21天，是项目的关键路径。

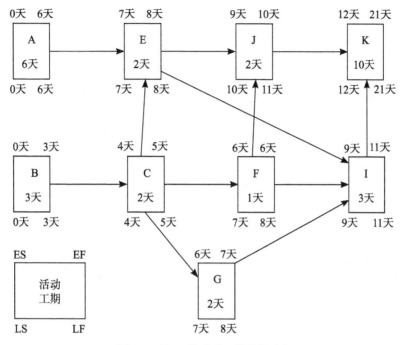

图 2-2　某 IT 集成项目的关键路径

（2）PERT

PERT 的理论基础是假定工程工期和整个工程完工时间是随机的，服从一定的概率分布。PERT 可以估计整个项目在一定时间内完成的概率。PERT 方法广泛应用于工业领域。

2.3.5　项目进度计划安排与甘特图

在了解了各项活动之间的关系，并得到网络图后，接下来可以制订项目进度计划。项目进度计划是指明确项目活动的起止日期。项目进度计划应根据网络图、预计活动持续时间、资源需求、项目实施工作日历、进度限制、最早和最晚的起止时间、风险管理计划和活动特点等制订。

一般通过数学分析计算出每项活动的最早和最晚的起止时间，得到时间进度网络图，然后根据资源因素、活动时间和冗余因素对活动时间进行调整，最终形成项目进度计划。

甘特图又称条形图，是显示项目进度的常用工具。图2-3是某IT项目建设进度甘特图。

天数 活动内容	1	2	3	4	5	6	7	8	9	10	11	12	13	14	15	16	17	18	19	20	21	22
需求分析	▬	▬	▬	▬	▬	▬																
可行性研究	▬	▬	▬																			
立项审批				▬	▬																	
初步方案设计							▬	▬														
网络系统设计						▬	▬															
设计评价							▬	▬														
采购									▬	▬												
集成实施										▬												
测试与验收												▬	▬	▬	▬	▬	▬	▬	▬	▬		

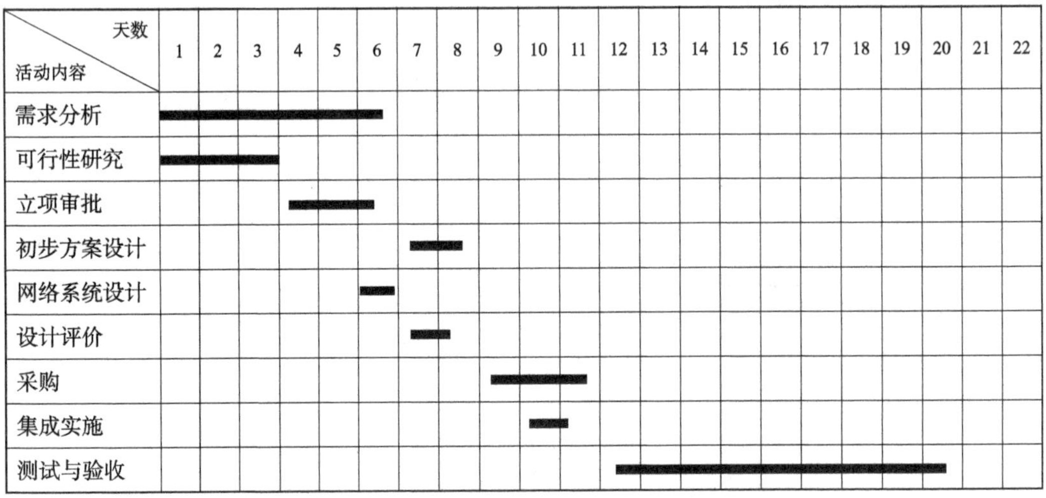

图 2-3　某 IT 项目建设进度甘特图

2.3.6　进度控制

进度控制主要是监控进度的执行情况，及时发现并纠正偏差和错误。在进度控制过程中，要考虑影响工程进度变化的因素、影响工程进度其他部分变化的因素，以及工程进度变化时应采取的实际措施。按控制执行人员划分，进度控制可以分为项目组控制、企业控制、用户控制和第三方控制。

（1）项目组控制：项目经理是项目组的负责人，负责组织项目组成员进行持续自查，及时发现偏差，并根据项目计划进行调整。

（2）企业控制：项目组外由企业领导，以及生产部、质量管理部和财务部等相关人员对项目进行控制。一般来说，项目组应定期向项目干系人提交项目状态报告，以便让他们了解项目的实际进展情况。

（3）用户控制：用户最关心的是项目的质量和进度，因此有责任心的用户会定期或不定期地获取项目的进度信息，作为其进行项目控制的依据。用户控制的主要措施是在发现问题时发出警告。

（4）第三方控制：部分项目委托项目监理机构进行项目控制。从理论上来说，第三方监理机构的利益独立于双方，能够客观、公正地提出相关意见和措施，保证项目的质量和进度。同时，第三方监理机构具有较强的咨询能力，可以帮助双方解决一些技术和管理难题，促进项目进展。第三方监理机构不仅可以对信息工程建设项目的成功与否做出公正、客观的评价，而且可以规范客户和系统开发者的市场行为，客观上促进系统开发者提供高质量的符合客户业务需求的软件系统，从而提高客户对软件系统的信心。

2.4　项目成本管理

项目成本管理是指为保障项目实际发生的成本不超过项目预算，使项目在批准的预算范围内按时、保质、高效地完成既定目标而开展的成本管理活动。项目成本管理包括项目资源规划、项目成本估算、项目成本预算和项目成本控制等过程。项目资源规划是指确定为完成项目诸工序，需用何种资源（如人员、设备、材料等资源）及每种资源的需求量。项目成本估算是指编制为完成各工序所需的资源的近似估算总费用。项目成本预算是指精确估算项目总费用，并将其分配给项目的各项活动。项目成本控制是指控制项目预算的变更。

2.4.1　项目成本构成

项目成本包括软件分析／设计（包括系统研究、需求分析、系统分析和系统设计）成本、实施（包括编程／测试、硬件购买和安装、系统软件购置、数据收集人员培训）成本和系统切换成本。

从财务角度来看，项目成本包括人工成本、培训成本、软硬件采购成本及管理成本等。

2.4.2　项目成本估算

项目成本可以采用专家估计法、类比法等进行估算。为了得到精确的结果，在进行项目成本估算时，应以 WBS 为基础，将项目成本估算分配给单个工作项，然后逐层累计得到项目的总成本估算结果。

2.4.3　项目成本预算

项目成本预算就是将项目的整体成本估算配置到各项工作中，建立一个衡量项目绩效的成本基准计划。项目成本预算的主要目标是制订衡量项目绩效的成本基准计划。

项目成本预算的步骤如下。

（1）将项目总成本分摊到项目 WBS 的各个工作包。

（2）将各个工作包成本再分配到该工作包所包含的各项活动上。

（3）确定各项成本预算支出的时间和项目成本预算计划。

2.4.4　项目成本控制

项目成本控制是在整个项目实施过程中，定期收集项目的实际成本数据，将其与成本计划值进行对比分析，并进行成本预测，及时发现和纠正偏差，从而尽可能地实现项目的成本目标。项目成本管理的主要目的是对项目进行成本控制，将项目的运行成本控制在预算范围内，或者在可接受的范围内，以便在项目失控前及时采取措施加以纠正。

项目成本控制的实质是对成本正负偏差进行监控，分析偏差产生的原因，及时采取措施，确保项目朝着良好的方向发展。对以项目为基本运营单元的企业或组织来说，项目成本控制的能力直接关系到企业的利润水平。因此，大多数企业或组织都非常重视项目成本控制。

项目成本控制基于费用基准、绩效报告、变更申请和成本管理计划。其中，绩效报告提供了费用执行情况的信息；变更申请可以采取直接或间接的形式，可以是口头或书面的形式；成本管理计划描述了当费用发生偏差时如何处理。

2.5 项目质量管理

项目质量管理主要包括以下三个方面的内容。

（1）质量策划：就是要识别与之相关的质量标准，并提出如何达到这些质量标准。

（2）质量保证：即在质量控制体系中实施有计划、有系统的活动。它提供满足项目相关标准的措施，贯穿项目实施的全过程。与以产品质量检验为重点的质量控制相比，质量保证的重点是质量计划中规定的质量管理过程是否得到正确实施，它是一种对过程的质量审核。

（3）质量控制：是项目管理的一个重要方面。建立和实施合适的质量控制标准是项目质量管理的关键。质量控制贯穿项目管理的全过程，是项目管理中对质量的动态管理。质量控制的步骤如下。

① 建立项目质量控制标准。项目质量控制标准的建立是基于系统开发的功能需求，通过开发项目的策划和实施过程建立起来的。它是项目开发的若干要求，是项目开发评审与控制标准的基础和核心。项目质量控制标准主要包括以下内容。

- 项目开发工作流程合理化。
- 开发时间和成本的预算控制。
- 项目风险控制。
- 开发工作安排的效率。
- 开发工作协调管理流程。
- 工程开发模式的应用。
- 程序效率与信息标准的统一。
- 管理需求方的满意度。

② 观察开发过程的实际表现情况。通过各种渠道，收集项目实施的相关信息，了解开发过程中的实际情况。

③ 将项目实施的实际表现与质量控制标准进行比较。将项目实施的实际表现与预先设定的质量控制标准进行比较，了解项目的进展情况，及时调整与项目计划的偏差。

④ 采取纠正措施。将项目实施的实际表现与预先设定的质量控制标准进行比较后，如果出现偏差，就需要及时采取纠正措施。具体的纠正措施如下。

- 对开发流程进行合理调整。
- 协调项目资源的合理分配。
- 建立系统、全面、准确的技术文档资料。
- 调整项目组织形式和项目管理方法。

 ## 习题

一、概念解释

请对以下概念做出正确解释：项目整体管理、项目范围管理、项目进度管理。

二、选择题

1. 项目正式启动的标志是（   ）。

A. 召开项目启动会   B. 任命项目经理   C. 可行性研究   D. 编制项目计划

2. 关于 WBS，下面说法错误的是（   ）。

A. WBS 最底层的项目通常称为工作包

B. 因为工作包在 WBS 的最底层，所以不可以再分割

C. 对于大型项目，WBS 通常分为 4~6 层

D. WBS 的第一层为可交付成果

3. 所谓关键路径即（   ）。

A. 决定项目最早的结束时间的活动路线

B. 网络图中最短的路线

C. 固定不变，在网络图中不受其他活动的影响

D. 其中的活动是最重要的

4. 在进行项目成本管理时，制订资源计划的目的是（   ）。

A. 估计完成项目所需的资源成本   B. 确定完成项目所需的资源

C. 确定可用的资源   D. 为估计项目的成本提供依据

5. 在项目中，质量是（　　　）。

A. 与客户的期望一致　　　　　　B. "镀金"，以便使客户满意

C. 与要求、规范及适用性一致　　D. 与政府管理部门的要求一致

三、简答题

1. 整体变更控制的依据是什么？

2. 在项目管理环境中，需求包含哪些方面？

3. 项目范围的定义是什么？

4. 项目的成本主要由哪些费用构成？

5. 如何控制项目的质量？

四、案例分析题

某公司承接了 B 银行的软件开发项目。该公司与 B 银行以前有过合作，此次项目是一个与证券业相关的新研发项目。该公司同意在没有完全确定需求的情况下先进行开发，策略是希望在开发过程中不断完善项目需求。该公司为该项目配备了项目经理张某及三个程序员，B 银行派技术人员赵某参与项目的需求分析和进度监督。项目开发初期较顺利，随着项目的推进，渐渐暴露出一些问题：项目需求的不确定性导致开发效率低；由于该公司的项目组成员和 B 银行的技术人员缺乏证券相关知识，导致对业务逻辑理解不一致，使系统的几个主要流程存在错误。类似质量问题不断出现，导致项目进度严重滞后，项目最终暂停。

根据上述资料回答以下问题。

1. 该公司和 B 银行同意在没有完全确定需求的情况下先进行开发，这种做法对软件质量有何影响？如果这种做法有一定的客观原因，那么如何在开发前期进行弥补？

2. 该公司的项目经理张某在事情中负有哪些责任，如何履行他的责任？B 银行的技术人员赵某在事情中负有哪些责任，如何履行他的责任？

3. 在项目需求分析阶段，如何通过明确需求来保证项目的质量？在项目的其他阶段，如何继续保持项目的质量？

第3章

ERP 系统结构原理

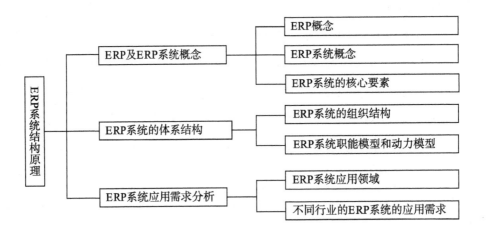

1. 了解 ERP 及 ERP 系统的概念。

2. 了解 ERP 系统的核心要素。

3. 了解 ERP 系统的组织结构、职能模型和动力模型。

4. 了解 ERP 系统的应用领域。

5. 了解不同行业的 ERP 系统的应用需求。

引例

A公司的财务信息化建设

A公司是某集团旗下文学业务板块的运营和管理实体。A公司拥有三家图书策划出版公司。在该项目实施前，A公司的各部门没有使用管理软件系统，基本处于手工状态，成本管理使用用友U8系统管理，由于业务的不断扩展，A公司的规模不断扩大，迫切需要建立一套整体的财务信息化系统，以实现信息化管理、无纸化办公。经过市场调研，A公司选择了用友NC软件来承担推进自身信息化发展的使命。A公司经研究确定编务管理的目标是在用友NC系统中建立一套编印一体化的流程管理，包括选题申报、书稿加工和图书发稿的业务流程，真正实现信息共享，并实现与中华人民共和国国家新闻出版总署的选题申报、书号申报和CIP（Cataloguing In Publication）申报等系统的数据交换。

该项目于2010年4月启动，经过两个月的项目调研，在进行需求分析后，对差异部分进行产品匹配时发现差异较大，对部门功能进行了三个月产品二次开发。经过前期的需求分析，项目组确认了项目整体应用框架图（见图3-1）。

该项目于2012年8月完成。该项目实现了A公司管控口径统一编印流程的规范和统一，奠定了企业流程管理的规范；加印流程的设计完善了产品逻辑，减轻了编辑的工作量，满足了出版社对畅销书印发的速度；成本归集口径得到了统一，为集团成本管控提供了对比和监控依据；真实成本的核算方式，满足了集团和各公司对当期及历史的成本分析；用友NC系统与OA系统的无缝衔接，满足了集团对各公司资金的支付管控；用友NC系统与销售点情况管理系统（Point Of Sales，POS）的链接，减轻了仓库退货的压力，提升了仓库管理的效率。

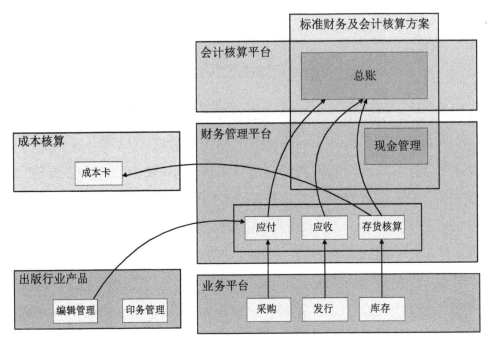

图 3-1　项目整体应用框架图

⚌ 问题

1. 用友 U8 系统和用友 NC 系统有什么不同?

2. 用友 NC 系统包含哪些功能模块?

3. 用友 NC 系统的应用价值体现在哪些方面?

3.1　ERP 及 ERP 系统概念

3.1.1　ERP概念

ERP 由美国的高德纳咨询公司（Gartner Group）于 1990 年提出。ERP 既是一种管理思想，也是一种管理软件和管理平台。ERP 是建立在信息技术基础上，以系统化的管理思想，为企业决策层及员工提供决策运行手段的管理平台。ERP 是一个以管理会计为核心，可以提供跨地区、跨部门，甚至跨公司整合实时信息的企业管理软件。ERP 是针对企业物流（物资资源）管理、人流（人力资源）管理、资金流（财务资源）管理、信息流（信息资源）管理集成一体化的企业管理软件。ERP 软件支持离散型、流程型等混合制造环境，应用范围从制造业扩展到了零售业、服务业、银行业和电信业等。

ERP 通过前馈的物流和反馈的信息流、资金流，把客户需求和企业内部的制造活动及供应商的制造资源整合在一起，体现完全按照客户需求进行制造的一种供应链管理思想。ERP 的核心体现在三个方面：一是对整个供应链资源进行管理的思想；二是精益生产、敏捷制造和同步工程的思想；三是事先计划与事前控制的思想。

ERP 的发展过程是一个循序渐进的过程，其发展大致经历了四个阶段，即基本 MRP 阶段、闭环 MRP 阶段、MRP Ⅱ 阶段和 ERP 阶段。

20 世纪 60 年代，人们为了克服订货点法只能控制稳定消耗情况下库存的缺陷，在计算机能胜任海量数据实时处理的背景下提出了一种新的库存计划方法，即物料需求计划（Material Requirement Planning，MRP），它解决了物料和市场需求不断变化情况下的库存控制问题。这种方法以物料为对象，借助计算机按照产品结构计算，并制订各种物料需求计划，从而实现减少库存、优化库存的管理目标。这里所说的物料是指为了产品出厂需要列入计划的一切不可缺少的物料的统称，不仅包括原料、半成品、成品等，而且包括包装材料、产品说明书等。

20 世纪 70 年代，人们在 MRP 的基础上，增加了对生产能力计划、车间作业计划和采购作业计划的功能，形成了一个封闭的系统，使其发展成为一个可以用来进行生产计划与控制的系统，该系统称为闭环 MRP。闭环 MRP 是一个集计划、执行和反馈于一体的综合性系统。闭环 MRP 能对生产中的人员、设备和材料各种资源进行计划与控制，使生产管理的应变能力得到加强。

20 世纪 80 年代，随着企业对财务信息关注度的提高，人们又将与企业经营生产有着密切联系的会计、销售等功能整合到闭环 MRP 系统，形成了制造资源计划（Manufacturing Resource Planning，MRP Ⅱ）。

MRP Ⅱ 是一个完整的综合性的企业管理信息系统，它集成了企业产、供、销、人、财、物等各个环节和资源的系统，可以用来解决阻碍企业生产的各种问题，达到既能连续均衡生产，又能最大限度地降低各种物品的库存量，进而提升企业经济效益的目的。计算机 / 现代集成制造系统（Computer/Contemporary Integrated Manufacturing Systems，CIMS）是这一阶段的代表技术。

随着产品复杂性的增加、市场竞争的加剧、信息全球化的迅速发展，管理思想从20 世纪 80 年代主要面向企业内部资源进行全面计划管理的 MRP Ⅱ，逐步发展为 20 世纪 90 年代的有效利用和管理整体资源。

ERP 是当今国际上先进的企业管理模式。企业应用 ERP 系统可以实现物流、人流、资金流和信息流一体化管理，规范各项业务的运营，促进财务和业务数据的融合，协调各部门围绕市场导向开展各种业务活动，使自身在激烈的市场竞争中全面地发挥足够的能力，从而取得更好的经济效益。

3.1.2　ERP系统概念

ERP 系统与 ERP 软件的概念不同。ERP 系统是从应用的角度去构建的，将 ERP 软件应用到实际的工作场景。从图 3-2 中可以看出，ERP 管理思想通过软件开发转变成了 ERP 软件，而 ERP 软件通过 ERP 实施转变成了 ERP 系统，而企业最终使用的就是ERP 系统，而非 ERP 软件。

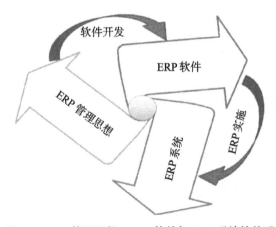

图 3-2　ERP 管理思想、ERP 软件与 ERP 系统的关系

3.1.3　ERP系统的核心要素

ERP 系统的成功实施即实现 ERP 管理思想向 ERP 系统的转变，主要取决于以下三个要素。

（1）人。与 ERP 系统实施相关的人主要有三类：第一类是企业经营决策人员；第二类是项目实施人员，其中包括企业方、软件实施方和监理方人员；第三类是企业应用人员，就是 ERP 系统的最终用户，也称为关键用户。

（2）产品。ERP 系统的实施需要 ERP 软件的支持。这个实现的过程往往是从蓝图规划到 ERP 软件功能上线的过程。由于各行业或业务领域所需要的业务方案有所不同，因此 ERP 软件的选择没有最好的，只有适用的。

（3）流程。确保 ERP 系统实施成功的流程有两个：一是 ERP 项目实施方法。ERP 系统实施能否达成预期目标，实施策略和方法非常重要。不同的软件实施商都有相应的 ERP 项目实施方法论，但如何灵活运用这些方法论，却需要在项目实践过程中进行探索与沉淀；二是企业管理方法，就是企业的业务流程，对 ERP 系统实施成功与否具有决定性的影响。

ERP 系统的三个核心要素的关键点如表 3-1 所示。

表 3-1　ERP 系统的三个核心要素的关键点

核心要素	关键点
人	企业经营决策人员
	项目实施人员
	企业应用人员
产品	业务方案
流程	ERP项目实施方法
	企业管理方法

3.2　ERP 系统的体系结构

ERP 系统的问题领域是现实世界的企业系统，实现的手段是通过计算机信息技术、软件系统，最终表现的是一个企业管理和软件系统的综合体。因此，研究 ERP 系统的体系结构应该综合企业管理和软件系统这两个对象的不同方面，从组织结构、功能结构、信息结构、资源结构和技术结构五个角度来研究。

3.2.1 ERP系统的组织结构

ERP 系统只有与企业的组织结构进行整合，才能保证其正常运行。企业的组织结构设置和分布特点是选择或设计 ERP 软件的重要因素，其与软件技术架构及网络、硬件、操作系统和数据库等支撑环境的选择相关。因此，研究 ERP 系统的组织结构应该从分析企业的组织结构着手。

1. 企业的组织结构

用系统的观点考察企业，首先需要考察企业的内部结构。企业的内部结构反映了义务、权利、责任和绩效在企业内的分布。企业依赖其内部结构，使管理者在管理的广度和深度上实现有效的分工与合作，通过分工，企业中处于不同位置的管理者能够在各自的领域内以应有的广度和深度更好地专注于各自的职责，不同岗位的管理者在分工的基础上通过有序的合作形成整体管理能力，保证企业良好运行。企业管理者可以按照多种基本准则将企业划分成相互联系的不同部分和层次。

（1）按地域划分

许多企业在国内乃至世界各地都有经营活动。在这样广阔的地域范围内，各地的文化、政治、经济和环境存在较大的差异，各地的经营活动从资源的获取、产品的制作，到市场营销、产品储运都具有较大的独特性和独立性。在这种情形下，企业往往会按地域来划分自己的内部结构。

（2）按产品的类别划分

当企业经营着多种具有较大差异的产品时，各种产品之间在经营手段、市场特点、管理模式和目标客户等诸多方面很难找到共同点，这时企业往往会按照产品的类别来划分自己的内部结构。

（3）按产品的应用领域划分

即便是相同的产品，企业的经营和运作模式也会由于其应用领域的不同而呈现出差异性。而在同一个应用领域，不同的产品可能会形成协同和互补，因此按产品的应用领域来划分企业的内部结构也是一种常见的方式。

（4）按产品的销售渠道划分

一般直销、经销和代理销售等都是产品销售的常见渠道。当不同的销售渠道的商业模式和运作机制的差异化成为独立经营及管理的主要因素时，企业需要按产品的销售渠道来划分自己的内部结构。

（5）按职业特性划分

企业往往会按各岗位人员所从事工作的职业特性来划分自己的内部结构。

2. ERP 系统的组织结构

（1）ERP 系统组织结构

ERP 系统组织结构如图 3-3 所示。

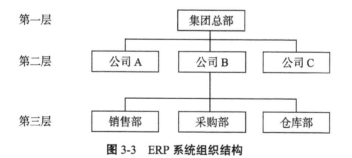

图 3-3　ERP 系统组织结构

（2）ERP 系统中的组织岗位关系

ERP 系统中的组织岗位关系如图 3-4 所示。

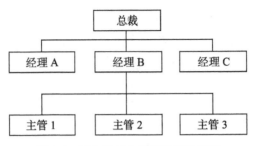

图 3-4　ERP 系统中的组织岗位关系

（3）ERP 系统的动态组织结构

ERP 系统的动态组织结构如图 3-5 所示。

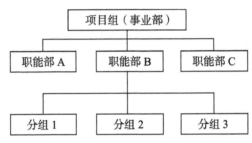

图 3-5　ERP 系统的动态组织结构

3.2.2　ERP系统职能模型和动力模型

1. ERP 系统职能模型

如图 3-6 所示，ERP 系统职能模型包括 14 个职能领域，它们分别分布在综合层、支持层和业务层。

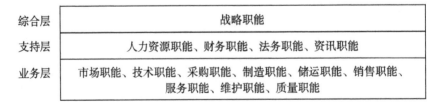

图 3-6　ERP 系统职能模型

（1）战略职能

战略职能主要是对企业的整体竞争力进行综合评价，并结合企业的经营环境为企业确立长期的战略目标，制定实现战略目标的策略，分析执行策略的资源需求，对企业进行全面的风险管理。在企业的日常运作中，战略管理需要定期了解各职能领域的实际状况，通过销售和运作计划来协调各职能领域的详细业务计划，使它们保持整体上的可行性和协调性；同时，也需要在必要时对其战略目标、策略和资源规划做出调整。

（2）人力资源职能

人力资源职能主要是根据企业的经营和资源计划理解、建议企业的人事组织结构及其发展计划，制订和实施招聘计划，为各岗位配备合适的人员，为关键岗位制订继任计划，负责新员工的加入、老员工的离职和内部调动管理，制定和实施薪酬制度、福利政策，进行员工的能力、绩效考核和工资评定，以及员工出勤管理、工资计算和发放；同时，根据企业经营需要制定和落实员工培训方案，评估和跟踪培训效果，为员工制定职业生涯发展规划。

（3）财务职能

财务职能包括财务预算、财务控制、财务分析、成本管理、资金管理、资产管理和财务会计等具体职能。财务预算是以业务计划为背景对企业经营实行年度预算管理和滚动计划管理。财务控制是将预先设计好的测算、跟踪和评估等财务控制手段设在诸如对外报价、客户信用及固定资产投资等活动中，使其成为标准流程的一部分，为企业管理者对经营决策的财务分析、行动计划的跟踪与落实、经营风险的评估与控制等方面提供参考。财务分析主要是根据企业管理者的需要，编制以企业经营管理和业绩考核为目的的格式报告，对企业的经营成果和经营举措进行分析。成本管理主要是根据企业经营管理的需要选择及确定恰当的成本核算方式；根据重要性原则确定成本要素；根据产品设计和生产特点确定单个成本要素的计算和分摊方式；收集用于成本核算的原始数据，并审核其合理性；计算各种产品的单位成本，并验证其合理性；更新和维护各种产品的标准单位成本；分析成本差异，并提出成本控制建议。资金管理主要是对企业的现金流进行计划、控制和分析，根据企业经营管理的需要对企业的资金来源、运用和分配做出相应的安排，确保企业经营所需的资金得到满足，同时不断提升资金获利能力。资产管理主要是对重要资产的购买、资产的处置和追加投资等交易事项进行跟踪与监管，确定资产折旧的方式和年限，计划和执行定期资产盘点和差异调整，登记和跟踪资产转移及资产保管与使用责任人。财务会计主要是根据实际发生的经营业务事实和相关原始凭证来制作会计凭证，登记会计分录，实施会计结算，编制会计报表，履行报告义务，保证恰当、充分、准确地记录、汇总和报告企业所有业务活动的经济结果。

（4）法务职能

法务职能包括合同管理、公章管理和证照管理等具体职能。

（5）资讯职能

资讯职能包括对企业的硬件（包括基础设施、主要设备、个人计算机及计算机周边设备）与软件（包括系统软件、办公软件、专用软件、ERP 系统及数据库系统）的投资和更新计划、开发和维护及用户求援等需求响应，从而提升企业 IT 系统的运行效率和可靠性。

（6）市场职能

市场职能包括进行市场研究及需求分析，提出产品建议，制定营销策略，并根据客户购买意向、订单和市场情况对销售前景做出判断及预测。

（7）技术职能

技术职能主要是根据市场建议，计划和实施产品改造及开发方案，调整和更新产品技术工艺文件。

（8）采购职能

采购职能主要是根据产品计划制订供应商开发计划；根据物料需求、年度预算目标和市场趋势制订采购成本计划，完成采购谈判和合同处理；在市场风险较大的情况下，对采购计划进行策略性调整或通过技术性操作锁定风险；跟踪供应商的产品和服务情况，定期对供应商进行综合评估，保持和供应商的良好沟通，以促进产品和服务质量的持续改善。

（9）制造职能

制造职能主要是根据产品需求信息、现有库存水平、生产和采购进程及可用生产能力进行产能平衡，制订采购计划和生产计划，制定生产排程方案；按照采购计划处理采购订单，跟踪供应商的产品和服务情况；按照生产计划安排车间作业，并在生产过程中及时了解原材料、人员和设备等情况；根据产能计划、采购计划和生产计划的执行情况，对总体计划做出相应调整。

（10）储运职能

储运职能主要是制订配送需求计划，执行和控制物料的仓储、收发与运输，它覆盖自货物的原产地到客户使用地的全部空间距离和时间过程。

（11）销售职能

销售职能主要是根据市场计划和销售目标制订销售计划，从事客户拜访、电话联络和促销宣传等销售活动，负责产品咨询和报价、订单和合同处理，跟踪客户的购买习惯和需求特点，分析客户的购买趋势和利润贡献，并结合企业的经营目标制定销售策略，合理配置销售资源。

（12）服务职能

服务职能主要是了解和收集客户对产品和服务的投诉与建议，计划和实施客户培训，定期进行用户调查。

（13）维护职能

维护职能主要是制订并实施企业的设施和设备的维护计划。

（14）质量职能

质量职能主要是制定企业的质量计划和质量标准，在原材料环节、生产环节、储运环节和服务环节实施质量监控措施，收集与分析质量数据。

图 3-7 是典型的 ERP 系统功能结构。

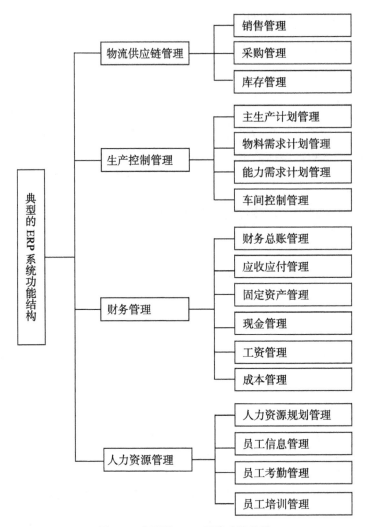

图 3-7　典型的 ERP 系统功能结构

2.动力模型

（1）企业的动力机制

ERP 系统职能模型所描绘的是一个静态的结构，而这种静态的认识对始终处在动态经营与运作之中的企业而言显然是不够的。更深入地讨论必须针对企业的经营和运作的动力机制展开。所谓企业的经营和运作的动力机制，就是企业可持续发展的内在原理。

企业的动力机制是一个由谋划、计划和活动组成的循环往复的闭合过程。企业需要根据外部环境的变化对谋划做出调整。计划一方面是在对谋划的实现做出安排，另一方面是对谋划更为详细的论证，如果在计划的过程中确定某项谋划是不现实的，那么这一结论将会形成反馈，从而引发对谋划的重新审核和修正。活动是对谋划和计划的具体实践，也是对它们的最终检验。

（2）ERP 系统动力模型

ERP 系统更深入的支持功能设计需要参照企业的动力机制。如图 3-8 所示，ERP 系统动力模型由企业的长期目标和实现策略的战略谋划开始，通过经营及资源计划、销售及运作计划、生产及能力计划、计划落实与执行等环节的层层推进，将企业的长期目标和实现策略分解为具体的行动指令后，导入企业的日常业务活动。通过业务操作和事务处理，企业的长期目标和实现策略不仅通过计划的编制与落实得到了执行，而且还在执行过程中形成了关于业务操作和事务处理的实时数据。信息反馈可以帮助企业管理者获得关于日常业务状况的信息，从而对各级计划的落实和执行形成有效的控制，或者对各级计划进行必要的修正。

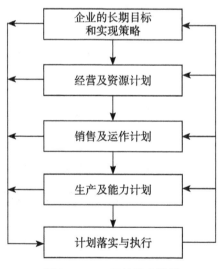

图 3-8　ERP 系统动力模型

① 经营及资源计划

经营及资源计划是为企业的长期目标和实现策略在下一年度的落实而编制的详细业务计划，包括市场销售计划、产品开发计划、供应链计划和信息资源计划。

② 销售及运作计划

一个计划年度内，企业的外部经营环境和内部运作情况会出现各种变化，这些变化可能会使经营及资源计划编制时所基于的某些假设变得不再适用。在这种情形下，企业必须根据新的外部经营环境和内部运作情况对经营及资源计划进行必要的调整，由此便产生了销售及运作计划。销售及运作计划以经营及资源计划为框架，定期汇集各职能领域的最新动态，制订出更符合实际的总体计划，确保整体目标的实现。事实上，销售及运作计划是以月或季度为周期对资源及需求计划中的市场销售计划、产品开发计划、供应链计划及信息资源计划等业务计划进行定期的评审和协调。在每一次评审和协调过程中，企业管理者需要针对诸如市场需求和主要竞争对手的最新动态，从市场拓展和渗透等诸多方面对销售现状及增长做出评估与预计，同时还要考虑现有生产能力短期内和市场需求之间的平衡；对生产设施、设备新建和改造投资的实际情况与预计进度，新产品研发和上市的实际情况与预计进度，原材料供应的价格变动趋势和瓶颈资源，以及产品生产、仓储和运输的主要问题及必要措施等各方面的计划与实际情况做出思考、判断，并且在对各业务领域详细业务计划的最新进展充分了解的基础上重新确立上述各个方面可以接受并可能实现的目标进度，制定、落实和跟踪瓶颈环节的应对方案。

③ 生产及能力计划

生产及能力计划的制订以销售及运作计划为依据，在一个月内，以周、天或小时为时间区间，制订出落实到具体产品、物料和工作中心的投入及产出计划，以及采购下单和物料送达的品种及数量计划，将以月度为滚动周期的销售及运作计划转化为生产部和采购部每天甚至每个小时的可执行指令。生产及能力计划包括从主生产计划开始到派工单和采购单的所有物料及产能计划。

④ 计划落实与执行

从经营及资源计划到生产及能力计划，这一切还只是要求和打算，这些要求和打算即便在生产及能力计划层面已经细化到生产部和采购部每天甚至每个小时的可执行指令，但这些指令仍然需要许多岗位的员工经过各个步骤的协调操作才能完成。在ERP解决方案中，计划落实与执行的方式存在对业务操作的过程支持及对事务处理的"刚性"约束两个方面。业务操作的过程支持根据业务的具体类型和内容向操作人员提供相关信息，帮助他们完成相应的工作。事务处理的"刚性"约束强制性地规定了业务操作应该依据什么信息、业务操作的结果应该如何计入 ERP 系统、应该产生什么样的单证等。

3.3 ERP 系统应用需求分析

3.3.1 ERP 系统应用领域

ERP 系统的应用对象起源于制造企业，其基本目的在于降低生产成本和提升生产效益。ERP 系统已广泛应用于不同规模生产方式、产品工艺和组织方式的企业，同时从制造业向商业流通业和服务行业等不同组织形式发展。

1. 制造业

制造业根据其生产过程的特点，可以分为离散制造和流程制造两大类。离散制造是不同的物料经过非连续的移动，通过不同路径生产出不同的物料和产品。代表行业有机械制造业、电子元器件制造业和汽车制造业等，这类生产主要是改变原材料的几何形状。流程制造是原料经过混合、分离、成型或化学反应，物料大多连续地通过相同路径生产出不同等级、规格的产品，常表现为流水线的方式。流程制造具有配方管理、副产品、联产品、多种计量单位、同一物品多个质量等级、批号跟踪、保质期管理等管理需求和特点。

（1）离散制造

离散制造业的生产组织可以细分为单件生产、多品种小批量生产、大批量生产和大规模定制等类型。

① 单件生产。这类生产模式生产的产品是按订单设计，并按客户的需求生产的。单件生产的产品结构较复杂，往往是设计和生产并行，生产周期较长，有时针对一种产品要按部件多次交货。

② 多品种小批量生产。这类生产模式生产的产品一般是标准或选配的。生产组织按工艺特征（如铸、锻、焊、车、铣、刨、磨、装配等），可以分为车间、工段、班组。这类企业的生产管理具备典型的 MRP Ⅱ 加工、配置、控制等特征。

③ 大批量生产。这类生产模式生产的产品一般是标准的或少数选配的。生产设备是以零部件对象组成的流水线。生产计划的特征是采取 MRP Ⅱ 与准时生产（Just In Time，JIT）相结合的模式，即中长期生产的采购计划采用 MRP 方式，产品生产执行计划采用 JIT、看板、反冲库存和条码物料跟踪等技术。

④ 大规模定制。这类生产模式采用的是将满足不同的客户的个性化需求的多品种小批量生产模式和具有高生产率、低成本优势的大批量生产模式相结合的模式。生产组织仍是流水线，但产品配置却多种多样。在生产计划控制方面，需要综合 MRP、JIT 和配置控制等技术。

（2）流程制造

流程制造业可以从产品结构、工艺流程、物料存储、自动化水平、生产计划管理、设备和产品的批号等方面来分析它的特点。

① 产品结构。典型的流程生产行业有医药、石油化工、电力、钢铁制造、能源和水泥等领域。在流程制造企业的产品结构中，上下级物料之间的数量关系可能会随着人员技术水平、工艺条件的不同而不同。在流程制造企业中，一般采用配方的概念来描述产品结构关系。配方的概念除了可以用于进行物料计划，还可以用作企业的考核技术指标。描述这种产品结构的配方应具有批量、有效期等方面的要求。

② 工艺流程。流程制造企业的工艺特点是产品品种固定，批量大，生产设备投资高，而且按照产品进行布置，设备一般是专用的，很难改作其他用途。在每个工艺过程中，伴随产出的不只是产品或中间产品，还要细分为主产品、副产品、协作产品、回流物和废物。

③ 物料存储。流程制造企业的原材料和产品通常是液体、气体和粉状等，因此通常采用罐、箱、柜和桶等进行存储。

④ 自动化水平。流程制造企业采用大规模生产方式，控制生产的工艺条件的自动化设备较成熟，因此生产过程多数是自动化的，生产车间的人员主要是管理、监视和设

备检修。

⑤ 生产计划管理。由于流程制造企业主要从事大批量生产，因此订单通常与生产无直接关系。企业只有满负荷生产，才能降低成本，在市场上才具有竞争力。因此，在流程制造企业的生产计划中，年度生产计划更为重要。物料采购计划依据年度生产计划和销售计划来平衡。通常企业按月签订供货合同，以及结算货款。每日和每周的生产计划的物料平衡依靠原材料库存来调节。

⑥ 设备。流程制造企业的产品较固定，一旦投产，很多年不变。具体体现在生产设备上，流程制造企业的设备是一条固定的生产线，工艺流程固定，设备投资较大，生产能力有一定的限制，并且生产线上的设备维护特别重要，不能发生故障，否则损失严重。

⑦ 产品的批号。在工业生产中，虽然原料和工艺相同，但是每一批投料生产出来的产品在质量和性能上还是有差异的。因此，每批产品都有相应的批号。例如，制药业中的药品生产过程要求有十分严格的批号记录，从原料、供应商、中间制品及销售给消费者的产品都需要记录，出现问题可以通过批号反查出是何种原料、何时生产的，直到查出问题所在。

2. 商业流通业

商业流通业可以细分为以下几种类型：大型百货公司、大型连锁卖场、连锁超市。商业流通业最大的需求是运转速度要快。其关键流程有货物配送流程、客户服务流程、人员管理流程和商业信息传递流程。在商业流通业中，物品种类多，区域连锁网点多。如何从众多的信息中进行筛选，并能够把信息及时传达给每个分点，对商业流通业来讲是一个很大的挑战。

3. 服务行业

不论是以产品为纽带还是以业务为主线，为其他企业或客户提供服务已经是许多企业的一个发展趋势。在当今高度竞争的市场环境中，消费者对供应商提供的服务水平的期望值越来越高。对供应商来说，这意味着给他们提供了一个避免竞争、提高消费者满意度的机会。

企业要想获得消费者的青睐，不仅要提供高质量的产品，还要提供优质的服务。

3.3.2　不同行业的ERP系统的应用需求

1. 制造业的 ERP 系统需求

下面介绍离散制造业和流程制造业的 ERP 系统需求。

（1）离散制造业的 ERP 系统需求

针对离散制造业的特点，ERP 系统应以物料库存为核心，并同步反映资金、生产计划等信息，以满足生产需求。具体的 ERP 系统需求表现在以下四个方面。

① 为避免盲目采购、增加库存成本、生产能力过剩或不足，采购、库存、生产和财务这四个业务环节应紧密衔接。

② 采购业务过程涉及采购计划的制订，采购申请，供应商的选择及评价，采购人员的考核与评价，采购合同的拟定、签订与执行等环节，必须通过及时通畅的信息流和物流集成，使采购环节更好地服务于生产等其他业务环节。

③ 库存管理对物料型生产企业的库存管理极其重要。为降低库存、减少资金占用，同时避免物料积压或短缺，并做到使成千上万种物料的账实相符，库存管理应具备以下特点：能随时得知某种物料的收、发、存情况；能及时得知需要盘点的物料及盘点结果；能随时对在库物料进行生产配比的模拟预算；在保证生产的前提下，能最大限度地降低库存；应和财务部紧密协作，形成高效的过账措施。

④ 生产计划环节是制造企业的管理活动中的核心环节。要想使生产严密、有序地进行，其生产业务应具有以下特点：能合理建立物料清单（Bill of Material，BOM）；主生产计划的制订应有据可依，切实可行；MRP 的管理应涉及最原始的零部件管理；能灵活地进行各种生产计划的调整；应合理制订与企业生产模式相匹配的生产计划。

（2）流程制造业的 ERP 系统需求

流程制造业的 ERP 系统需求主要体现在以下三个方面。

① 对生产模型的要求。流程行业中体现了以配方为核心的生产模型，而离散行业中体现了以产品 BOM 为核心的生产模型。流程行业采用固定的生产线，产品生产依据

工艺过程分为若干道工序，每道工序涉及生产配方和承担生产任务的部门。与离散行业的产品BOM不同，流程行业的配方不仅代表成分比率，还代表企业的生产水平，因为配方反映了单位生产产品成本组成表。

② 对生产计划的要求。流程企业制订生产计划的依据是市场需求。而离散企业既可以根据订单进行生产，也可以根据市场预测制订生产计划。流程行业指导企业生产的计划主要是主生产计划和作业计划。主生产计划通常是月度计划。作业计划通常是日计划或周计划。计划的作用在于协调不同的工序部门一致地进行生产。

③ 对成本核算的要求。由于流程企业是大批量面向库存生产，因此成本核算通常是采用分步结转法即按产品的生产步骤先计算半成品成本，再随实物依次逐步结转，最终计算出产成品成本。费用的分摊范围随着企业自动化程度的提高将越来越小，变为直接计入，与生产管理结合起来。离散企业的产品成本计算采用逐层累积法即按照产品BOM所描述的加工装配过程，从低层向高层逐层累积得出，它反映了产品增值的实际过程。

2. 商业流通业的 ERP 系统需求

从应用系统的性能和特点来看，商业流通业的ERP系统需求首先是简便、易操作。这是因为有计算机或IT背景的人员不是很多。其次是整合性高。商业流通业除了企业内部的行政办公系统、人力资源系统，还有自己的业务系统，如客户服务系统等。ERP系统的工作流程必须能够和这些业务系统有机地整合，只有这样才能真正发挥其效益。最后是稳定性高。商业流通业尤其是连锁型的流通业有多个地点，由于地域分散，网络状况不同，因此对系统的稳定性要求就更高。

3. 服务行业的 ERP 系统需求

在服务行业里，信息化开展较早，这类行业的ERP系统主要是对前台的信息处理需求，直接面向客户，管理信息系统的重点是提供快速存储、处理、分析与客户有关的数据。

尽管不同行业的特点不同，但其经营的共同特点就是在利用可获得的资源条件下，尽可能地合理配置企业资源，以有效地计划和控制经营过程，满足市场需求，获取更多的利润。

习题

一、概念解释

请对以下概念做出正确解释：ERP、ERP 系统、ERP 系统职能模型、ERP 系统动力模型、离散制造、流程制造。

二、选择题

1. 关于 ERP，下面说法错误的是（   ）。

A. ERP 是一种先进的管理模式

B. ERP 是一种管理软件

C. ERP 是一种库存管理技术

D. ERP 是在 MRP 的基础上发展而来的

2. ERP 系统不包含（   ）。

A. 软件产品   B. 企业业务流程与数据

C. 使用者   D. 软件厂家

3. 采购职能是 ERP 系统的一种职能，它分布在（   ）。

A. 综合层   B. 支持层   C. 业务层   D. 技术层

4. ERP 的决策支持功能设计主要参照（   ）。

A. 企业的使命   B. 企业的长期目标和实现策略

C. 企业的经营、生产和销售计划等   D. 上述都是

5. 制造业 ERP 系统应用的根本目的是（   ）。

A. 提高产能   B. 提高产品质量

C. 降低生产成本，提高生产效益   D. 提供优质的服务

三、简答题

1. ERP 管理思想、ERP 软件与 ERP 系统有何关系？

2. ERP 系统的成功实施即实现 ERP 管理思想向 ERP 系统的转变取决于哪些要素？

3. ERP 系统支持企业的哪些职能领域？

4. 离散制造业与流程制造业的 ERP 系统需求有何不同？

5. 制造业、商业流通业与服务行业的 ERP 系统需求有何不同？

四、案例分析题

某公司从成立之初就致力于供应链的建设，正如其董事长所说，"零售业不是一个以某项核心技术、某一专用性资产作为游戏筹码的行业，做大规模、压低成本是行业的核心竞争力"，因此，该公司伴随其不断发展壮大，也在不断地致力于供应链的整合。这一整合的触角正是围绕着该公司这个核心节点向上下游延伸。该公司结合行业特点进行供应链的整合，建立信息化系统。为建立与供应商的无缝链接，该公司打造了连锁经营的"IT神经网络"。2004年，该公司加大企业信息工程的投入，投资金额为1.36亿元。2006年，该公司的ERP系统在全国连锁店成功上线，建立了国际一流信息平台，基于多媒体技术控制体系，将供应商、连锁企业、分销商直至终端消费者连成一个整体，形成了功能强大的网链结构，实现了跨区域、跨行业的紧密协作。通过与供应商之间的信息共享，下游企业可以将终端消费者的新需求反馈给上游制造商，促使其有针对性地进行工艺流程的改进，生产适销对路的高质量产品。该公司的补货系统可以在任何一个时间点知道现在这家商店中有多少货品，有多少货品正在运输中，有多少货品是在配送中心等，从而把整个系统当中的各个链，从供货商到货架到消费者，有机地链接起来。通过实施有效的ERP系统，不仅提高了前台销售的工作效率，而且提高了后台服务的响应速度，更重要的是实现了该公司全国资源的整合和统一调配。

根据上述资料回答以下问题。

1. 该公司是如何利用ERP系统实现供应链平台建设的？

2. 该公司的补货系统可以将供应链中的哪些链有机地链接起来？这将对供应链上的成员带来什么样的好处？

3. 该公司是如何通过供应链建设来提升自身竞争力的？

第4章

ERP 项目管理概述

知识框架图

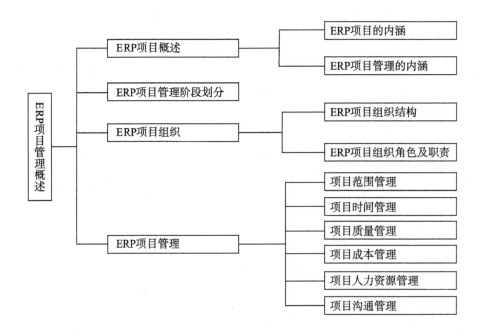

学习目标

1. 了解 ERP 项目和 ERP 项目管理的内涵。

2. 了解 ERP 项目组织的结构、角色及职责。

3. 了解 ERP 项目的范围管理与时间管理的基本手段和依据。

4. 了解 ERP 项目的质量管理和成本管理的控制方法。

5. 了解ERP项目的人力资源管理及沟通管理的目的和方法。

项目管理在 L 集团的 ERP 项目实施中的应用

L集团主要经营和生产中西药品，下属有10多家分公司，员工有近3 000人，年营业收入金额约为9亿元，在本市区域市场上一直保持着较大的份额。目前，L集团的采购、销售、储运、财务、生产和研发等业务运作基本上都在分公司一级。L集团只对各分公司的领导层负责，并且负责计划指标的下达、考核等。L集团的组织结构较复杂，层级较多，所属400家连锁药店从乡村到市区都有分布。部分分公司信息化起于1994年，都是从一些局部的、基本的应用开始。1997年年底组建集团时，对几家核心层的分公司进行了简单的信息化集成。2001年上半年，L集团从一家ERP软件供应商处购买了医药行业的ERP软件和连锁配送软件，开始在核心层的分公司实施基于大型数据库和服务器 - 客户机结构的ERP系统。L集团的发展战略目标是成为一家以医药商品经营和生产为主要模式，以区域市场占有率最大化，以管理能力、网络覆盖和服务能力为核心竞争力，适应行业市场特点的综合性的、多元化的企业集团。

L集团基于企业实际确定了信息化战略的两大阶段。第一阶段为内部整合阶段。在现有信息系统的基础上，建设集成OA、综合业务管理、物流管理软件和财务管理软件的企业内部集成化信息管理系统。该阶段的建设规划在一年内完成。第二阶段为供应链完善、拓展阶段。通过企业门户网站完善企业的供应链，达到以本公司为中心的整个供应链的信息交换和共享。该阶段的建设规划在半年到一年内完成。

L集团根据企业的信息化战略、项目需求分析及建设目标，在大量的现场观摩、对比评审的基础上，选定了一家ERP系统供应商的行业解决方案。首先，L集团与这家ERP系统供应商协商成立了项目领导小组和项目实施小组。其次，为保证L集团快速、有效地执行ERP实施决策，项目组制定了关于ERP实施决策的相关程序。经项目规划，项目组确定了项目的实施范围，定义了递交的工作成果，评估了实施过程中的主要风险，制订了项目实施的时间计划、成本计划及人力资源计划等。该项目分为两期实施：

一期实施集团总部及同城三个分公司的物流、财务、分销、采购模块及 30 家连锁药店的配送系统；二期实施其他分公司及所属某制药厂的所有模块。整个项目划分成需求分析、系统选型和系统实施三大阶段。其中，系统实施阶段包含实施计划、业务模拟测试、系统开发确认、系统转换运行和运行后评估五个步骤。

L 集团的 ERP 项目按照统筹规划、分步实施的原则，对 ERP 项目所涉及的各个方面进行规划、组织、管理和监控，采用内外部持续工作程序，以达到项目预期的效果。这也是平衡时间、成本、产品和服务细节及它们之间可能发生的冲突的基本原则。建立一套行之有效的项目风险管理机制对 ERP 系统的成功实施起着重要的保证作用。在项目实施过程中，对 ERP 项目进行了阶段控制和评测。该项目围绕 ERP 项目的全过程，对项目立项授权、需求分析、软硬件评估与选择及系统的实施进行管理和控制。ERP 的实施是一个庞大的管理和综合性工程项目，过程控制主要体现在项目实施过程中的时间控制上。在项目实施阶段，项目管理的主要内容包括项目实施计划的执行、时间和成本控制、实施文档管理、项目进度报告、项目例会和会议纪要，并贯穿三个步骤：业务模拟测试、系统开发确认和系统转换操作。

综上所述，L 集团的 ERP 项目通过项目管理循环，使用了多种项目管理的工具和方法，从项目规划、范围管理、时间管理、人力资源管理、质量管理和风险管理控制等不同方面对项目进行控制，使企业实现了项目所预期的成果和目标。该项目的实施充分体现了项目管理知识在 ERP 项目实施中的成功运用，以及对各种实施风险的管理、控制所发挥的至关重要的作用。

问题

1. L 集团的 ERP 项目实施过程中为什么注重应用项目管理知识？

2. L 集团的 ERP 项目实施过程中是如何应用项目管理的工具和方法的？

3. L 集团的 ERP 项目实施成功的关键点有哪些？

4.1 ERP 项目概述

4.1.1 ERP项目的内涵

ERP 应用系统实施项目简称 ERP 项目，是指构建基于 ERP 应用系统的企业管理运行体系和流程。从本质上讲，ERP 项目是一个管理改进项目。

ERP 项目的发起人通常是企业的最高领导，项目经理通常是发起人授权的高层经理，参与项目的成员主要为关键业务部门相关人员和核心业务人员即关键用户。ERP 项目的目标是提高企业的管理水平，实现企业的战略目标。ERP 项目的特点是目标非常灵活，项目范围不容易界定，用户理解的 ERP 系统成功实施的标准与供应商理解的标准往往不一致。

企业的 ERP 项目一般由 ERP 软件公司的专业化的实施人员（包括项目经理、实施顾问等）来支持完成。对实施人员来说，ERP 项目的实施就是向企业提供一种有助于实现其管理目标的一整套有价值的解决方案，并指导用户完成管理软件的客户化工作，帮助企业实现科学管理、降低成本、提高效率。ERP 项目实施的本质就是一种服务过程，即在企业的 ERP 系统建设过程中，由相关人员组成项目组，按照客户的要求，向企业提供个性化、专业化的服务。

4.1.2 ERP项目管理的内涵

项目管理就是合理地组织、调配和利用材料、设备、人力和资金等各种资源，保质、保量地在既定的时间内完成预期的项目目标。ERP 项目管理就是采用项目管理的方法对 ERP 项目实施过程进行管理。对企业来说，ERP 项目管理的实质是识别企业的真实管理需求，然后建立一套基于 ERP 应用系统的管理体系来满足企业的这些管理需求。在 ERP 项目实施过程中，最重要的是确保业务需求合理，符合企业战略。对软件实施人员来说，ERP 项目管理就是以最少的成本、最快的时间实施 ERP 项目，保证 ERP 系统能够满足企业的业务需求，最终通过企业的验收。

有效的项目管理可以避免 ERP 项目实施失败。有的企业不了解 ERP 项目管理的内涵，没有采用科学的项目管理方法，而是按照自己的思路实施 ERP 项目。最后，由于内部人员冲突、选型错误、功能无法扩展、用户因流程问题不愿意使用 ERP 系统等多种原因导致 ERP 项目实施失败。一个完整的 ERP 项目通常包括三个阶段：需求分析阶段、系统选型阶段和系统实施阶段。ERP 项目管理从企业的需求分析出发，始终指导着 ERP 的发展，ERP 的提升和优化都要运用 ERP 项目管理。

判断 ERP 项目是否成功，不能只基于项目是否通过了企业的验收，还应进一步考察 ERP 系统在企业中是否得到了很好的应用。很多情况下，ERP 系统成功上线，项目通过了企业的验收，但由于种种原因，企业在 ERP 软件供应商的实施人员撤离后，其 ERP 系统就处于半运行状态或根本不被使用。这种情况短期内对 ERP 软件供应商来说可能影响不大，但却因此会造成市场对其产品及其本身的不信任，对其长远发展非常不利。因此，对 ERP 软件供应商来说，在 ERP 项目实施过程中尽量追求完全成功，即项目通过企业的验收，并且 ERP 系统在企业中得到了很好的应用。这就要求在 ERP 项目实施过程中，ERP 软件供应商应站在企业的角度为企业提供管理咨询服务，帮助企业了解自己真正的管理需求，建立一套基于 ERP 系统的管理体系，以满足企业管理的需要。

企业发展的重要标志是资源的合理调整和利用。传统的组织结构是金字塔型的，各部门之间的协作与沟通薄弱，资源状况相对模糊，资源的运行难以比较、把握和调整。ERP 系统可以通过系统的计划和控制功能，结合企业的流程优化，有效地配置各种资源，从而加快对市场的响应速度、降低成本、提高效率和效益、提升企业的竞争力。它是企业内部各部门之间、内外部合作伙伴之间的一种信息交换与共享系统。它的复杂性决定了 ERP 项目实施过程中充满了风险。

目前，国内外主流的 ERP 产品供应商都通过项目实践提出了自己的实施方法。

4.2 ERP 项目管理阶段划分

从企业开始有实施 ERP 系统的想法，建立项目筹备开始，到系统的投入使用并稳定运行，以及项目各项管理事项的完成，整个过程大致可以分为三个阶段：实施前准备阶段、合同项目实施阶段和巩固完善阶段。

1. 实施前准备阶段

企业实施 ERP 系统应在正确的方法指导下，有目的、有计划、有组织地分步实施。ERP 系统实施前准备工作的完成情况直接关系到企业能否取得预期效益。

企业实施 ERP 系统的原因主要有四个：一是企业领导认为 ERP 能对企业有一定的促进作用；二是企业管理者认为 ERP 能对企业有一定的促进作用，进而向领导提出建议；三是市场的导向，如政府机构的指令、建议等，同行业的实施应用等，还有媒体的宣传等。这些因素导致企业对 ERP 产生兴趣，进而去了解与立项；四是企业自身的需求。企业确实因为需要解决某些管理问题，要提升企业的管理水平，充分发挥管理效益，经过认证后，认为 ERP 可以提供这些问题的解决方案。推行 ERP 的前期工作流程如图 4-1 所示。

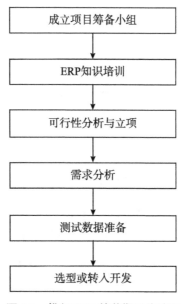

图 4-1　推行 ERP 的前期工作流程

（1）成立项目筹备小组

ERP 系统实施准备前期首先要做的就是成立项目筹备小组，小组成员一般包括企业的高层领导（如副总经理、副厂长等）和中层部门领导（如企划部和策划部主要领导、计算机信息部门主管、各业务部门特选的业务人员或管理人员）。另外，企业还可以邀请专门的咨询机构参与企业的筹备工作，以使今后的工作更加顺利。

（2）ERP知识培训

企业的管理人员对ERP知识的了解程度直接影响ERP系统实施的进度和成本。ERP知识培训，既可以外派人员去学习，也可以请ERP领域的咨询机构、软件公司的专业人员到企业来授课。较好的方法是请咨询机构、软件公司的专业人员到企业来授课，这样企业的管理人员可以了解更多的ERP行业情况，如ERP软件及其实施力量、市场份额及后续服务保障等。通过请进来培训，可以让企业的更多人员接触ERP知识。

（3）可行性分析与立项

在了解了ERP知识后，项目筹备小组要根据企业的现状提出可行性分析报告，报告内容包括实施ERP所需的资源，企业实施ERP的必要性、实施目标与实施中预计的困难等。经过企业领导的决策批准后，ERP项目将正式立项。项目筹备小组依据需求计划落实相关资源，同时启动各项计划。

（4）需求分析

ERP项目立项后，项目筹备小组要对企业进行需求分析。需求分析的结果的质量直接关系到未来ERP的选择。因此，项目筹备小组应在有关专家的指导下进行需求分析。需求分析的重点是找出各部门需要处理的业务需求；考虑计算机处理业务数据的软件使用权限设置；制定业务报告需求清单，标识必要的要求、一般要求或最佳要求；考虑数据接口的开放性；考虑企业已经或将要拥有的各种各样的信息系统。

（5）测试数据准备

企业需要从主要业务数据中抽取一些典型数据，作为ERP选型的测试数据。各部门通过填写数据收集报表来帮助项目筹备小组完成测试数据准备工作。

（6）选型或转入开发

在选择ERP软件供应商与实施服务供应商时，需要注意以下九个方面。

① ERP软件的功能是否适合企业现在的需要和未来一段时间的发展。

② ERP软件供应商的维护和二次开发能力。

③ 文档资料的规范性和齐全性。

④ 实施服务的方法与质量。

⑤ ERP 软件供应商和实施服务供应商的持续发展能力与服务能力。

⑥ 走访 ERP 实施成功的企业。

⑦ ERP 软件的运行环境。

⑧ ERP 软件与实施服务的价格。

⑨ 方案比较。

2. 合同项目实施阶段

合同项目实施阶段是指从企业和 ERP 软件供应商签订项目合同开始，到合同验收完成为止的 ERP 系统实施过程。

在这一阶段，ERP 软件供应商的实施人员到企业进行调研，并按 ERP 软件供应商的实施方法论，结合企业 ERP 项目的实际情况，与企业共同制定 ERP 项目的实施大纲和具体的实施计划，经企业的管理层批准后，双方遵照执行。

企业的 ERP 系统实施通常是一个曲折的过程。ERP 软件供应商通常会派项目经理、实施顾问和技术顾问来完成企业的 ERP 系统的实施工作。项目经理负责协调项目进度及其他安排。实施顾问一般是产品和行业专家，主要负责系统培训和实施指导。技术顾问主要负责产品安装、客户化培训和技术指导。

3. 巩固完善阶段

在这一阶段，ERP 软件供应商派驻的人员将撤离，企业开始独立自主运用 ERP 系统，并不断巩固与完善 ERP 系统使用效果。

大多数企业担心 ERP 软件供应商派驻的人员撤离后会出现自己解决不了的问题，导致 ERP 系统不能按原有的想法运行。因此，一些企业会要求将信息化建设承包给 ERP 软件供应商或咨询公司。事实上，这一想法很难实现，因为企业的信息化建设是一个不断完善的过程。ERP 在分阶段实施后，还有很多优化工作要做。例如，由于企业的业务特点的调整，ERP 的业务流程需要进行相应的调整，每个部门都会对业务管理提出更高的要求，而这些工作必须依靠企业自身的能力完成。因此，只要项目按照 ERP 实施方法论分步实施，在 ERP 项目实施过程中，基本上能最大限度地保证知识转移的实现。在此基础上，企业就可以利用 ERP 系统为自身服务。

4.3　ERP 项目组织

好的 ERP 项目组织关系到 ERP 项目能否成功。因此，企业方和实施方组建的 ERP 项目组织要与 ERP 项目要求匹配，必须由企业高层管理人员信任的人员参与，参与人员必须具备较强的协调能力，熟悉企业管理运作实务。ERP 项目组织成员必须通过正式沟通和非正式沟通明确如何参与 ERP 项目实施。

由于 ERP 项目组织成员来自不同的工作岗位，须使每位成员有足够的时间参与 ERP 项目实施，避免由于选择人员不当，使 ERP 项目组织不能有效工作。因此，企业应当了解备选 ERP 项目组织成员的背景资料和工作表现，选择合适的人员参与 ERP 项目。

4.3.1　ERP项目组织结构

ERP 项目组织结构如图 4-2 所示。

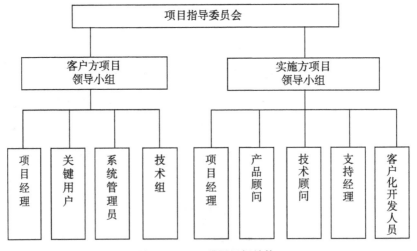

图 4-2　ERP 项目组织结构

4.3.2　ERP项目组织角色及职责

1.项目指导委员会

项目指导委员会由客户方与实施方的高层领导和项目经理组成，主要负责审查项目的进展情况，并解决可能对 ERP 项目产生负面影响的各种管理问题。根据客户方和实施方的项目经理的建议，每月至少召开一次项目指导委员会工作会议，对 ERP 项目的进展情况进行审查。项目指导委员会的职责包括对 ERP 项目的总体目标和计划安排做出决策，定期参与 ERP 项目里程碑目标的制定；监督 ERP 项目的进度和质量；解决 ERP 项目实施过程中的意见分歧，确定重大事项并做出决策；组织客户方和实施方的高层领导的沟通与协调；根据 ERP 项目实施的需要，对资源进行分配及相应的工作授权。

信息化项目是一把手工程。实施方的高层领导应给予足够的支持，特别是在 ERP 项目实施过程中人员调整、各部门之间协调等方面出现问题时，应迅速出面帮助解决。同时，对项目组成员进行充分授权，并对其采取相应的激励措施。

2.项目领导小组

项目领导小组一般由企业的高层领导组成。客户方项目领导小组成员主要包括总经理、副总经理和财务经理等。实施方项目领导小组成员主要包括企业副总裁、大客户总监和分公司总经理等。

客户方项目领导小组的职责是审定 ERP 项目设计方案、ERP 项目实施目标及考核指标；检查、考核 ERP 项目组织实施工作，批准和保证 ERP 项目投资的落实，确保 ERP 项目按计划实施；审批实施 ERP 项目所形成的管理制度和规程；对与 ERP 项目相关部门及责任人的奖惩进行审定；协调解决 ERP 项目实施过程中出现的各种问题。

实施方项目领导小组的职责是审批 ERP 项目预算，协调 ERP 项目资源，确保各部门通力合作；审定 ERP 项目实施计划和方案，并提出指导意见；对 ERP 项目实施过程中出现的各种重大事件进行决策；对与 ERP 项目相关部门及责任人的奖惩进行审定。

3. 客户方项目领导小组成员角色及其职责

（1）项目经理

项目经理通常由熟悉企业的业务、ERP系统和技术，并且具备项目管理经验的人员担任。其主要负责客户方项目领导小组成员的各项日常工作；项目领导小组所有资源的调配；监督ERP项目的进度和质量；与实施方项目领导小组保持日常沟通与协调；确认实施方项目领导小组提交的工作成果和阶段实施计划；制定企业内部的奖惩制度和实施策略，提出相关责任部门和责任人的奖惩申请，并将其提交给项目领导小组组长审批。

（2）关键用户

关键用户是指企业内部精通自己业务流程的人员。每个部门可以设置一到两名关键用户。关键用户不仅要熟悉本部门的业务流程，而且要熟悉ERP系统的操作。ERP系统上线后，关键用户有可能成长为内部顾问，不仅自己会操作ERP系统，还可以指导其他人员操作ERP系统。

在ERP项目实施过程中，关键用户在企业之间、企业上下级之间、部门领导与企业上级之间起着关键作用。

（3）系统管理员

系统管理员是保证企业ERP系统安全运行的人员。其主要职责是在ERP系统实施过程中全程参与并协助各部门制定信息化实施过程中的相关制度，如日常操作规范、操作系统安装及其他应用软件规范、网络安全规范等；保证ERP系统的数据安全，设定ERP应用系统使用人员的权限；承担软硬件、数据和网络等的维护工作，并能在以后业务及公司规模拓展的时候为其他人员提供相关培训；总结日常工作中遇到的问题，形成文档。

（4）技术组

技术组负责所有与技术有关的事情。技术组一般由企业的信息部人员组成，可以是一人或多人。在企业技术力量薄弱的时候，也可以由ERP软件供应商的技术顾问分担这项工作。技术组的主要职责是支持ERP系统运行所需的所有软硬件的配置和安装，包括网络环境等；解决ERP系统实施中的技术问题；调整ERP系统与企业其他应用系统的接口；检查所有技术部分。

4. 实施方项目领导小组成员角色及其职责

（1）项目经理

项目经理一般由具备丰富项目管理经验和 ERP 实施经验的人员担任。其主要职责是确保 ERP 项目实施每个阶段任务按时完成；确保资源的合理利用；为所有 ERP 系统的实施提供质量保证；有规律地准备和递交状态报告；与客户方项目领导小组保持紧密联系；根据 ERP 项目的整体运作情况，及时更新 ERP 项目计划和报告。

（2）产品顾问

每个项目组至少需要一名产品顾问来负责 ERP 项目实施过程中的各种活动。ERP 产品顾问的主要职责是分析 ERP 项目需求；对客户方项目领导小组成员进行培训；指导用户进行数据整理；支持系统的排错处理；提出数据转换及接口交接的实施方案；根据功能需求确定 ERP 产品的功能和流程；根据业务需求定义和匹配系统参数；准备测试计划和集成测试方案；定义基础数据转换步骤和策略。

（3）技术顾问

技术顾问是在 ERP 系统安装和运行中提供支持的人员。其主要职责是提供 ERP 系统运行环境配置建议和优化策略；数据库及软件的安装、调试，以及系统管理人员的培训；指导和培训客户系统管理员报表的开发、安装和调试；定期提交技术状态报告；进行项目定制开发。

（4）支持经理

支持经理是在项目组出现技术问题时的主要联络人。其主要职责是解决技术问题，保证故障和事故的合理解决；在 ERP 系统运行环境配置和调整上给予支持。

（5）客户化开发人员

客户化开发人员是在标准 ERP 产品不能满足客户的需求时，需要根据客户的新需求进行功能模块开发的人员。其主要职责是进行客户化功能的需求确认，完成客户化开发工作，通过客户化开发功能验收。

4.4 ERP 项目管理

ERP 项目管理的目的是确保项目组合（即为了实现战略目标而组合在一起的项目）、项目利益相关者对项目结果、项目实施方法和目标达成共识。ERP 项目管理是一项综合性的工作，涉及许多知识领域。在 ERP 项目实施过程中，某一领域是否采取了行动，往往会影响到其他领域的工作或成果。通常情况下，在管理一个项目时，需要平衡相互竞争的项目约束因素，包括项目范围、项目质量、项目进度、项目成本、客户满意度和团队满意度等，通过了解 ERP 项目管理中涉及的九类知识领域，可以更好地理解 ERP 项目管理的这种综合性质。

4.4.1 项目范围管理

1. 项目范围管理的含义

项目范围管理是指对项目应当包括什么和不包括什么进行定义与控制。项目范围管理需要明确项目目标是什么，界定哪些工作必须做，并将项目目标分解到可以独立分包的程度，形成 WBS，并将此作为控制项目范围变更的基准。项目范围管理是项目管理的一项重要工作。

有许多项目由于未完成的报告和未解决的问题而不被接受，导致项目无法验收。这些问题很大一部分是由于项目范围界定不清晰或项目范围变化不可控造成的。实践证明，项目范围界定和核实的不正确是导致项目失败的主要原因。因此，项目管理最重要、最困难的工作就是确定项目范围，使项目范围处于受控状态。准确地说，项目范围管理就是项目应该做什么，不应该做什么，保证应该做的必须做到，不应该做的不能做。确定项目范围的重要参考资料和依据涉及项目售前实施方案、项目主合同、许可软件通用条款及清单、咨询实施服务及工作任务书、支持服务条款等，以及战略合作承诺、客户公司正式征求的项目实施意见等。

除了上述可见的项目信息，在售前阶段会有一些口头承诺，这也是界定项目范围的重要信息来源。因此，在项目筹备阶段和售前阶段的内部交接过程中，不能忘记口头承诺的内容。实践证明，在项目实施过程中难以兑现交付的或需求范围界定不清晰的是口头承诺的内容，这也正是项目范围管理的难点。

2. 范围的含义

范围是指项目所提供的产品或服务的总和，包括产品范围和项目范围。

（1）产品范围

产品范围是指产品或服务的特性与功能，其衡量标准为产品要求。

ERP 项目实施时产品范围的描述一般应该通过两个维度即产品功能模块和公司范围来进行，需要明确描述哪些企业具体实施哪些产品的功能模块。对于企业集团，必须以企业法人作为企业的实施范围。利用 Excel 建立二维功能模块表，对企业和企业的项目实施范围进行描述，这样更加清晰。某集团 ERP 项目实施产品范围如表 4-1 所示。

表 4-1　某集团 ERP 项目实施产品范围

序号	法人实体名称	需要实施的 ERP 模块							
		财务管理	成本管理	物料管理	设备管理	项目管理	销售管理	生产计划与控制管理	人力资源管理
1	公司一	√	√	√	√	√	√	√	√
2	公司二	√	√	√	—	—	√	√	—
3	公司三	√	√	√	—	—	√	√	—
4	公司四	√	√	√	—	—	√	√	—

（2）项目范围

项目范围是为交付所需产品而必须完成的工作。它的衡量标准为项目管理计划、项目范围说明书等。能清晰描述和界定项目范围的工具是 WBS。WBS 是一种以结果为导向的分析方法，用于分析项目所涉及的所有工作，所有这些工作就构成了项目的整体范围。WBS 是制定和管理项目进度、成本和变更控制的基础，是制订项目管理计划的重要依据。一些项目管理专家认为，WBS 中没有的工作不应该做。WBS 通常表示为面向任务的活动族树，通常围绕项目产品或项目阶段展开。

3. 范围变更控制

WBS 是管理项目范围的基础。WBS 中未包含的工作不应该做。如果必须做，就必须经过范围变更控制流程。范围变更控制流程主要包括四个关键点：授权、审核、评估和确认。在变更过程中，要跟踪和验证，确保变更被正确执行。范围变更控制是为了更好地管理项目范围，并采取必要的范围管理工具或技术。导致范围变化的因素包括政策变化、需求调整、市场新技术出现和项目实施机构变化等。在信息化项目中，需求有时需要改变或调整，这是由项目自身的特点所决定的。对于一些大型 ERP 项目，需求不可能在第一天就明确，而是随着蓝图和项目的实施逐渐清晰。但是很多 IT 项目的变更过于频繁，特别是在项目后期，一些小的需求变更可能会对项目产生很大的影响，甚至需要对项目进行返工。因此，有效的范围变更控制是项目实施成功的重要保障。

管理和控制范围变更的目的是防止"范围蔓延"和"镀金行为"的发生。"范围蔓延"是指应客户要求，不经过正常的范围变更控制审批程序，直接扩展项目范围定义的工作内容。"镀金行为"是指项目组在工作范围之外主动增加的额外工作。

4. 项目目标

项目目标是指 ERP 系统在项目实施前确定的业务需求。项目目标的设定依据是需求说明书。需要说明的是，确定项目的目标和方向比完成项目任务的速度更加重要。如果项目的目标和方向错了，项目实施速度越快，企业损失就越大。

4.4.2　项目时间管理

项目时间管理的实质是在项目范围确定后对项目进度进行管理，目的是保证项目按时完成。也就是说，为了保证项目进度可控，必须对项目人员的工作时间、任务开始时间和工期进行有效管理。项目计划是项目时间管理的基本手段。

1. 项目计划

项目计划是指在 ERP 项目实施时所制订的对实施过程中各项活动及资源的安排。在一个具体的项目中，项目计划是预先确定的行动纲领。项目计划是项目实施过程中非常重要的一个文件，是各项实践活动的指南，是项目按时完成的有效保障。

2. 进度控制

在 ERP 项目实施过程中，往往会出现人员不到位、客户环境不满足要求等情况，导致实施活动不能按时进行，或者不能按时完成，造成实施活动的延迟。一个实施活动的延迟可能会影响一系列后续的实施活动，因此，做好进度控制非常重要。

进度控制的目的是提高项目进度的透明度，以便当项目进度与项目计划发生偏差时，采取适当的纠正和预防措施。

（1）制订合理的项目进度计划

虽然项目成功依赖的因素有很多，但有了可控性至少能保证在规定的时间内现有技术可以解决所有的问题。但是，项目进度的可控性是基于制订的项目进度计划的合理性这一前提的。如果项目进度计划不合理、不切实际，计划就不可能在项目实施过程中具有可控性。项目进度计划是项目管理计划的重要组成部分。因此，项目进度计划的合理性和科学性直接关系到项目管理计划的合理性、科学性。

制订项目进度计划时需要考虑三个因素，即项目的范围要求、项目的时间要求及参与项目实施人员的相关工作经验和技能。

① 项目的范围要求

项目的范围要求是制订项目进度计划时要考虑的第一个因素。项目的范围决定了项目的工作内容、工作量大小和任务类型等，直接关系到项目的工期和项目所需的资源，这些都是制订项目进度计划时的重要参考依据。

② 项目的时间要求

项目的时间要求是制订项目进度计划时要考虑的第二个因素。项目每项任务的时间要求取决于四个方面：项目的总体完成时间要求、项目任务之间的逻辑关系、项目任务之间的间隔时间要求和完成任务所需资源本身所具备的工作时间。

③ 参与项目实施人员的相关工作经验和技能

参与项目实施人员的相关工作经验和技能是制订项目进度计划时要考虑的第三个因素。成立项目组后，首要任务不是立即开展项目工作，而是对项目组成员进行技能培训，提高项目组成员的整体执行能力。

（2）进度偏差的纠正措施

当工程实际进度与预期工程进度产生偏差时，一般采用赶工和快速跟进的措施来弥补，但这两种方法都会对其他约束条件如质量、成本产生影响。因此，采用赶工的方式，就需要权衡成本与进度，以确定如何以最小的成本最大限度地压缩进度。可以通过加班、增加额外资源或支付额外费用的方法来加快关键路径上的活动。但是，赶工的方式并不总是切实可行的，它可能导致风险或成本的增加，它只适用于那些通过增加资源就能缩短持续时间的活动。采用快速跟进的方式，即采用并行执行那些通常按顺序执行的活动或阶段。快速跟进的方式只适用于能够通过并行活动来缩短工期的情况，它可能会造成返工次数和风险的增加。对此，项目组应首先分析工程进度延误的原因，然后采取相应的措施。如果确实是不合理的项目交付时间要求，应通过沟通将其转化为合理的要求，避免不合理的时间要求对项目团队成员的心理造成负面影响，最终导致项目失败。

4.4.3 项目质量管理

1. 质量的内涵

国际标准化组织（International Organization for Standardization，ISO）将质量定义为"反映实体满足明确和隐含要求的能力的特性总和"。

2. 项目质量管理的目的

项目质量管理的目的是确保项目满足其应满足的需求。满足需求，这是衡量项目成功与否的重要指标。因此，项目质量管理是保证项目成功的重要保障。项目团队必须与关键利益相关者建立良好的关系，特别是与项目的主要客户建立良好的关系，了解质量对他们意味着什么，清楚地了解他们的需求。项目质量是否合格的最终评判者是客户。许多IT项目最终失败是因为项目团队专注于满足主要产品的书面需求，而忽略了项目干系人的其他需求和期望。

3. 项目质量规划

为做好项目质量管理工作，首先要在项目正式启动前，对项目实施过程中使用的质量要求、质量测量标准和质量保证措施等质量相关事项进行规划，以支持项目质量管理工作的开展。

对于一个具体的项目，项目质量管理需要策划的内容包括静态数据、需求分析报告、接口方案、测试用例和实施方案等。

4. 项目质量控制

为了保证项目过程中文档的质量要求，在项目规划阶段，应开发制定出用于项目过程中的各种项目文档模板。企业高层管理人员对项目质量管理的态度也是决定项目质量的关键因素。为了做好项目质量控制工作，项目经理应该做到以下几点。

（1）在项目规划阶段就要制定并发布项目过程中使用的各类文档模板，同时提出项目文档的编写要求。

（2）积极组织讨论项目方案，确保项目方案经过很好的论证和规划。

（3）严格审核和检查提交给客户的所有项目文档，保证提交给客户的每个文档都经过了严格的评审和检查。要确保提交给客户的同类文件的一致性和规范性。

（4）项目过程中产生的各类文档如会议纪要、问题联系单、需求分析报告、静态数据编码方案和静态数据准备档案等都要及时归档，并形成统一的文件编号。

（5）实施方案是一个项目实施的依据，是项目实施的根本和基础。因此，项目经理应充分发挥项目团队成员的优势，制定合理的实施方案。

事实上，项目实施过程中的许多质量问题都出在管理上，而不是出在技术上。项目团队成员积极参与项目质量管理是解决质量问题的根本。项目质量管理应该在生产过程中进行，而不是通过质量检验获取质量信息。因此，项目实施人员是保证项目质量的基础，完成任务的一线项目实施人员应承担质量工作，而不是事后检查。另外，对 ERP 的检查也是非常重要的。ERP 的实施过程不同于实物生产过程，实施质量是一个逐步提高和完善的过程。而检查错误的数据和处理问题是非常重要的。

5. 质量成本

质量成本包括一致性成本和不一致性成本两部分。一致性成本是指为交付适用的产品而必须付出的质量成本。不一致成本又称不合格成本，是指不符合质量要求或不符合质量期望所需承担的成本，包括改进成本和机会成本。这就是说项目是在一定的成本约束下进行的。因此，项目经理必须对项目质量管理成本和通过项目质量管理获得的收益进行平衡。

4.4.4　项目成本管理

1. 项目成本管理的目的

项目成本管理的目的是在满足项目质量和工期合同要求的前提下，通过计划、控制和协调实施 ERP 项目范围所发生的费用，达成既定的成本目标，并尽可能降低项目成本。

一般来说，项目成本可分为以下四类。

（1）人力资源成本：包括项目团队成员的工资、奖金、差旅费和住宿费等。

（2）资产类成本：是指产生或形成项目交付物所用到的有形资产，包括计算机软硬件设备、网络设施和安装工具等。

（3）管理费用：是指用于项目环境维护和确保项目完工所支出的成本，包括办公用品、房屋租金及设备、支持服务等费用。

（4）项目特别费用：是指项目实施和竣工期间产生的费用，包括差旅费、餐费、活动费、会议费和印刷复印费等。

2. 项目成本的控制方法

在许多项目中，将实际成本与预算成本进行比较作为项目成本管理的依据是不准确的。这种只要求实际成本低于预算成本就满意的分析方法是有风险的。这是因为如果实际完成的工作量或项目进度达不到计划量，很可能会出现项目预算已经超出，项目工作还没有完成，到时再进行项目成本控制来不及的情况。这说明项目实施过程中实际成本与预算成本的对比分析并不能真正反映项目成本的实际控制情况。

　　为了全面实施项目成本控制，必须将项目成本管理与项目进度管理紧密结合起来，运用综合控制方法对项目成本进行控制。项目管理的目标就是在保证项目质量的前提下，为保证全面实施项目范围，寻求项目进度和项目成本的最佳方案。一般来说，项目进度与项目成本成正比。在某个时间点，项目的实际成本超过了这个时间点的项目预算，这不能完全解释项目成本控制不力的原因。这还要看这个时候的项目进度。对项目进度与项目成本的比较关系进行监督、分析是十分有必要的，这种项目成本综合控制方法是项目成本管理中常用的 EV 分析法。

　　EV 分析法又称赢得值法或偏差分析法，是对项目进度和费用进行综合控制的一种有效方法。EV 是实际完成的工作量及其相应的预算成本，也就是实际完成工作取得的预算成本。EV 分析法是一种能全面衡量项目进度、项目成本状况的整体方法，基本要素是用货币量代替实物量来测量项目的进度。它不以投入资金的多少来反映项目的进展，而是以资金已经转化为项目成果的量来衡量，是一种完整和有效的项目监控方法。EV 分析法用三个基本值即计划值（Plan Value，PV）、实际成本（Actual Cost，AC）及 EV 来表示项目的实施状态，并以此预测项目可能的完工时间和完工时的可能费用。

　　（1）PV：是指截止到当前日期，计划应该完成的工作对应的预算成本。

　　（2）AC：是指截止到当前日期，实际已完成工作的实际成本。

　　（3）EV：是指截止到当前日期，已完成工作对应的预算成本。

　　EV 分析法用两个差异值指标，即成本偏差（Cost Variance，CV）和进度偏差（Schedule Variance，SV）来衡量项目成本、进度的绩效与状况。

　　① CV：是指已经完成的工作是超过预算还是低于预算。

　　② SV：比较 PV 与 EV 的大小，得出当前进度是提前还是滞后。

　　在项目实施过程中，需要根据预先制定的项目成本计划和控制基准，定期进行比较分析，然后调整相应的工作计划并反馈到实施计划中去。有效地进行项目成本和项目进度管理的关键是监控项目的实际成本及进度状况，及时、定期地与控制基准进行对比，并结合其他可能的改变，及时采取必要的纠正措施，修正或更新项目成本计划，预测项目完成时成本是否超出预算及项目进度是否会提前或滞后。

4.4.5　项目人力资源管理

1. 项目人力资源管理的目的

项目人力资源管理的目的就是要充分发挥项目团队成员的能动性，使他们对项目目标有清晰的理解和认识，对每位成员的角色和职责有明确的期望，在成员之间建立起高度的合作、互助和信任，从而促进项目的实施。

2. 项目人力资源管理的方法

项目人力资源管理涉及以下三个方面。

（1）确定项目人力资源管理的对象。项目人力资源管理的对象通常包括部门领导、最终用户、关键用户、项目发起人、项目经理、项目团队成员、项目团队成员的直线经理、分公司或事业部运营经理和外包合作伙伴等。

（2）确定项目干系人在项目中的角色、职责及其应承担的工作任务。这一过程将产生一个项目组织结构图，人员角色和职责分配一般通过责任分配矩阵的形式表示。表 4-2 是某项目组的责任分配矩阵。

表 4-2　某项目组的责任分配矩阵

工作内容 ＼ 项目组成员	王××	李××	张××	吴××	周××	胡××	秦××	李××	章××	赵××	钱××
项目管理	R	A	—	—	—	—	—	—	—	—	—
分销系统实施	A	—	—	—	—	—	—	—	R	—	—
采购系统实施	—	—	A	R	—	—	—	—	—	A	—
生产系统实施	—	—	R	—	—	—	—	—	—	—	—
财务系统实施	—	A	—	—	R	A	A	—	—	—	—
人力资源系统实施	—	A	—	—	—	—	—	—	R	—	—
技术支持	—	A	—	—	—	—	—	—	—	—	A

注：R 代表直接负责；A 代表参与、协助。

（3）项目团队成员培训。为了保证项目团队成员能够尽快进入项目角色，有必要对团队成员进行培训，这些培训包括但不仅限于项目实施方法、责任分工，项目工作成果的格式要求，项目过程中的工作方法，与项目实施相关的技能。

4.4.6　项目沟通管理

项目沟通管理是为了保证项目干系人之间能够统一思想，达成对项目目标、项目实施方法的统一认知，消除误解和矛盾。项目团队成员之间的沟通畅通是整个项目沟通的保障和基础，也是项目走向成功的必由之路。

如何做好项目沟通呢？可以从以下三个方面着手。

（1）明确沟通范围。也就是说，明确在项目的整个过程中，我们需要和哪些人进行良好的沟通。需要沟通的人一般主要包括项目的直接参与者（如项目团队的每位成员）及利益相关者。项目的利益相关者并不直接参与项目，但项目的进展或项目过程中发生的任何事情可能会对他们产生积极或消极的影响。当然，他们也会对项目产生积极或消极的影响。

（2）区分沟通对象。一个项目需要与很多对象进行沟通，但最重要的是区分这些沟通对象。这是因为沟通对象不同，沟通机制和沟通方式往往不同。

（3）明确沟通目的。沟通目的是相互交流，使双方能相互理解、相互认可和换位思考。只有相互交流，才能实现个体间的交融。

习题

一、概念解释

请对以下概念做出正确解释：ERP 项目、ERP 项目管理、项目范围。

二、选择题

1. 判断 ERP 项目是否成功主要看（　　）。

A. ERP 项目是否通过了验收　　　　B. ERP 系统在企业中是否得到很好的应用

C. ERP 系统是否成功上线　　　　　D. ERP 项目是否实施完成

2. 如果项目经理和实施顾问在 ERP 项目实施过程中发生意见分歧，应该（　　）。

A. 采取妥协方式　　　　　　　　　B. 花时间做好沟通

C. 终止项目 D. 更换实施顾问

3. 关键用户是指（　　　）。

A. 企业内部精通各自业务流程的人员 B. 具有项目管理经验的人员

C. 保证企业 ERP 系统安全运行的人员 D. 企业的信息部的人员

4. 产品范围是指（　　　）。

A. 实施哪些产品功能模块 B. 实施的公司范围

C. 项目必须完成的工作 D. 实施哪些产品功能模块和实施的公司范围

5. 人力资源成本包括（　　　）。

A. 项目团队成员的薪资 B. 项目团队成员的奖金及加班费

C. 项目团队成员的差旅费和住宿费 D. 房屋租金

三、简答题

1. ERP 项目管理阶段是如何划分的？

2. ERP 项目组织包含哪些角色？

3. 项目范围管理的含义是什么？

4. 项目时间管理的基本手段是什么？

5. 项目质量管理的目的是什么？

6. 人力资源管理的目的和基本方法是什么？

7. 项目沟通管理的目的是什么？

四、案例分析题

1998 年，A 集团采用 Symix 公司的产品来实施 ERP 项目。同年 7 月，A 集团实施 ERP 项目的进展很顺利，其中包括数据整理、业务流程重组。Symix 公司的售后服务工作也很到位，基本完成了产品的知识转移。另外，A 集团在培养自己的二次开发阶段方面也做了一些工作。如果能这样持续发展下去，A 集团将成为国内企业成功实施 ERP 项目的典范。但是，计划赶不上变化。同年 8 月，为了适应市场变化，A 集团开始进行结构调整。由于 A 集团在调整结构的过程中，更多的是关注企业的经营的合理货币利润最大化，没有认真考虑内部结构对 ERP 项目的影响。虽然 A 集团的经营结构发生了变化，但当时所用的 ERP 软件流程却是固定的，Symix 公司对此也想不出更好的解决方案。于是，A 集团与 Symix 公司协商暂停 ERP 项目，虽然 ERP 项目已经运行了五个月，但是继续运行显然已经失去了意义。Symix 公司的 ERP 项目目前只在 A 集团一些分公司的某些功能上运行。

根据上述资料回答以下问题。

1. A 集团实施 ERP 项目的目标范围是什么？

2. A 集团在 ERP 项目管理方面存在哪些缺陷？应该如何改进？

3. A 集团的 ERP 项目最终未能取得成功的主要原因是什么？

第 2 篇

ERP 实施方法论篇

第 5 章

ERP 项目实施方法论

知识框架图

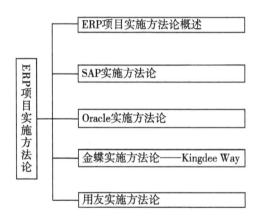

学习目标

1. 了解 ERP 项目实施方法论的含义。

2. 了解国内外主要软件企业的 ERP 实施方法论。

3. 了解用友实施方法论的核心思想和实施的主要内容与步骤。

引例

DY 集团的 ERP 项目实施

DY 集团以广告销售业务为主。DY 集团有 80% 的人员为销售序列，人员业务区域面广，销售业绩目前稳中有升。DY集团目前存在的问题是：高层管理人员想了解公司业务具体运转情况时相关报表不能及时送到，往往需要一级一级传达，然后一级一级反馈上来，不但效率低，而且经常出现理解上的错误。这种情况造成高层管理人员虽然知道公司的销售业绩不错，但又不能给投资人及时提供合适的报表数据。因此，DY集团高层管理人员迫切需要一套既适合行业发展要求又能满足公司业务需求，并提升公司业务管理水平的ERP软件。

用友公司的实施团队经过需求分析，确定了选用NC5产品，采用标准产品加定制开发的软件推行模式来解决DY集团目前发展中遇到的瓶颈。经过一年多的时间，实施团队完成了从项目规划、蓝图设计、系统建设、切换准备、系统切换和持续支持六个阶段，使DY集团成功上线运行了人力资源管理、采购管理和客户关系管理（Customer Relationship Management，CRM）三个模块。

为什么DY集团的ERP项目实施能够成功？实施顾问在总结时提出了以下几点：制订的计划要切实可行，不熟悉的业务领域要勇于学习；要灵活运用实施方法论，切忌生搬硬套；需要掌握一个有力的实施工具——实施方法论。实施方法论可以提醒没有经验的实施顾问当项目进行到某一阶段时需要注意的事项，以免走弯路。特别是一些实施模板能帮助实施顾问规范实施行为，起到事半功倍的效果。当然，在具体的项目中，不能完全按照实施方法论的步骤推进项目，因为有时需要站在客户的角度去思考问题，为客户排忧解难。

问题

1. DY集团为什么要实施ERP项目？

2. 什么是实施方法论？

3. DY集团的ERP项目实施经过了哪几个阶段？

5.1 ERP 项目实施方法论概述

1. 实施方法论的概念

实施是一个将各种知识、经验、技能、工具和技术应用于项目，将客户期望和销售承诺落地的过程，是一门融技术与艺术于一体的科学。什么是方法论？近年来，人们常错误地把方法论当作方法的同义词。然而，方法论不仅是一系列方法和工具的简单总结，更是一个具有战略指导意义的架构体系。实施方法论是实施顾问的工作指南。实施方法论为项目的每个阶段确定了优先次序，并描述最佳实践，这样可以使整个组织期望的成果具有可预测性和可重复性，并可以对整个资源进行更加有效的利用。

2. ERP 项目实施成功的关键影响因素

ERP 项目实施成功的关键影响因素如下。

（1）企业高层管理人员的承诺和参与。

（2）关键人员的参与程度。

（3）实施顾问的能力与敬业程度。

（4）产品与需求的满足程度。

（5）客户内部人际关系的复杂程度。

（6）正确的实施方法和策略。

（7）企业基础管理水平。

ERP 项目实施是一个集体合作的工程项目，需要企业方和实施方的紧密合作才能取得有效的成果。在成功的 ERP 项目实施中，有四种角色是必不可少的：一位能干的项目经理、一批优秀的业务骨干、一位负责的系统管理员和一支有经验的实施顾问队伍。

这四种角色是 ERP 项目实施成功的基本保证，但不是最关键的因素。ERP 项目实施成功最关键的因素是一个强有力的一把手，这就是为什么人们通常称 ERP 项目为一把手工程。需要注意的是，一把手工程并不意味着领导亲自操作项目，而是项目需要一把手的关注和控制。因此，在 ERP 项目实施中，应充分发挥一把手的作用。企业高层管理人员的实际参与可以从以下八个方面考虑。

（1）对实施系统的态度：高度重视。

（2）领导责任：创造跨部门协调的环境。

（3）任命一位合格的项目经理，为项目团队提供坚强的后盾。

（4）随时了解项目进展情况。

（5）应恰当授予项目团队实权。

（6）及时做出决定，清除变革的障碍。

（7）对企业经营实践中的正确改变表现出热情。

（8）能够清楚地认识到项目的实施涉及的是管理作业及系统的改变。

3. 实施顾问

ERP项目不同于一般项目，其需要依靠专业顾问的咨询和服务。实施顾问的主要工作内容是向客户方项目团队提出相关建议，如ERP系统的设计和设置，以及与ERP系统应用相关的业务问题的解决方案。在整个ERP项目中，客户的积极参与是ERP项目实施成功的关键。实施顾问对客户最大的价值是对ERP项目实施的指导和知识的传递。因此，一位成功的实施顾问不仅要负责实施ERP项目、圆满完成ERP项目收尾工作，还要帮助客户建立一支能够支持ERP项目持续优化的ERP项目团队。实施顾问只有将知识传递给客户方项目团队，ERP系统才能在ERP项目实施完成后继续良好地运行，并不断优化和完善，使ERP系统真正为客户带来效益。

一般来说，实施顾问应当具备以下三种能力。

（1）知识传递能力。ERP项目实施的过程实际上是知识传递的过程，是实施顾问将知识传递给客户。因此，实施顾问的主要任务是传播知识、培训和教育客户方项目团队，而不是把全部精力都放到ERP项目上，把本应该由客户做的事情揽到自己身上，从而失去对项目的控制。因此，实施顾问的工作重点是传播知识，有效地控制项目进度，保障项目朝着既定的目标前进。

（2）项目管理和控制能力。ERP项目实施成功的关键在于项目目标的实现和客户的满意。这就要求实施顾问与项目经理对项目具有较强的项目管理和控制能力，在项目实施过程中要随时注意项目实施范围、项目进度和项目发展趋势的变化，以便对项目进行有效的监督和控制，确保项目顺利进行。ERP项目实施的成败在很大程度上取决于项目经理的管理技巧和能力。

（3）沟通能力。实施顾问的主要工作是与人打交道，因此，沟通能力是实施顾问必须具备的能力之一。

5.2　SAP 实施方法论

ASAP（Accelerated System Applications and Product）是思爱普（SAP）公司 R/3 项目的一种快速实施方法。ASAP 优化了实施过程中对时间、质量和资源有效使用的控制。ASAP 是一种完整的实施方法，包括成功实施项目的所有基本要素，即 ASAP 路线图、SAP（System Applications and Products，是 SAP 公司的产品——企业管理解决方案的软件名称）工具包、SAP 的技术支持和服务网络、SAP 培训和 R/3 参考模型。

1. ASAP 路线图

ASAP 为 R/3 项目提供了面向过程的、清晰简明的项目计划，为整个实施过程提供指导。ASAP 路线图如图 5-1 所示。

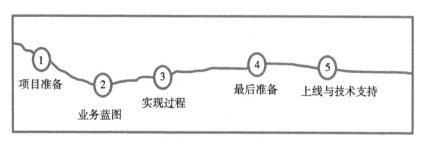

图 5-1　ASAP 路线图

ASAP 路线图中每个阶段的主要工作内容如下。

第 1 阶段：项目准备。项目准备阶段的主要工作内容包括组建项目团队、确立项目日程安排、项目团队培训、网络环境及硬件准备、项目启动等。

第 2 阶段：业务蓝图。业务蓝图阶段的主要工作内容包括组织结构及业务流程现状分析、未来组织结构及业务流程确定、项目文档标准确定、SAP系统安装和业务蓝图审批等。

第3阶段：实现过程。实现过程阶段的主要工作内容包括系统的基本配置、项目团队的高级培训、流程测试、设计接口及报表、系统测试确定与完善、用户权限及系统管理机制建立和最终用户培训准备等。

第4阶段：最后准备。最后准备阶段的主要工作内容包括配置系统确定、最终用户培训、基本数据准备、初始数据准备和上线计划设计等。

第5阶段：上线与技术支持。上线与技术支持阶段的主要工作内容包括系统上线、不间断的支持、持续的业务流程优化和项目评估及回顾等。

2. SAP 工具包

SAP工具包是指ASAP中用到的所有工具，包括R/3业务工程工作台；一些其他软件产品，如ASAP的"估算师"工具可以使用户精确测算实施中所需的资源、成本和时间；ASAP的"实施助理"包括调查表和项目计划，可以在每个实施阶段指导用户。ASAP还充分发挥了R/3强大的企业设计配置能力。ASAP工具箱里有建模、实施、改进和建立技术文件等工具。实施顾问利用公认的企业模型和行业模板可以有效地加速企业的项目实施。

3. SAP 的技术支持和服务网络

SAP的技术支持和服务网络对用户在实施和使用过程中可能遇到的问题进行解答。它是用户的助手，在项目实施过程中随时提供帮助，让客户放心。从项目开始到项目成功实施及后续行动，包括咨询和培训，SAP都将为用户提供支持。ASAP完善了SAP服务与支持的范围，包括所有与SAP环境相关的服务，如"早期预警、概念评估和启动检查"都是其中的一部分，可以用来保证整体质量，让用户能积极地调整R/3系统。

4. SAP 培训

SAP培训策略包括对项目团队和最终用户的培训。项目团队的培训采用标准课程和现场培训相结合的方式。对最终用户的培训采用知识传递方式，由接受培训过的团队成员进行知识传递。

5. R/3 参考模型

R/3 参考模型描述了 R/3 系统支持的标准应用程序功能和业务过程。R/3 参考模型可以帮助企业识别应用程序中的不同过程及应用程序之间的集成关系，从而帮助企业利用 SAP 软件获得最大的效益。SAP 提供的集成板可以将 R/3 参考模型集成到系统中。

5.3 Oracle 实施方法论

Oracle 实施方法论主要由项目管理方法论（Project Mangement Methodology，PJM）和应用系统实施方法论（Application Implementation Methodology，AIM）等各自独立的方法论组成，它是一套建立整体解决方案的方法。这些方法论可以提高项目质量和工作效率。

1. PJM

PJM 的目标是提供一个主框架，使其能够对所有项目用一致的方式进行计划、评估、控制和跟踪（见图 5-2）。

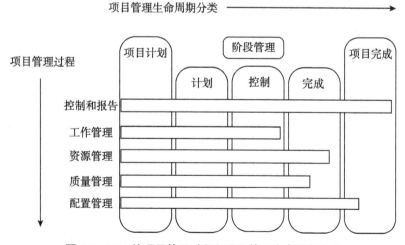

图 5-2 PJM 的项目管理过程和项目管理生命周期分类

2. AIM

AIM 是甲骨文（Oracle）公司在全球多年应用产品实施的基础上提炼出来的一种结构化实施方法，能够满足用户的各种需求，包括定义用户的实施策略到新系统的上线运行。AIM 包括所有必不可少的实施步骤，尽可能降低用户的实施风险，保证 Oracle 应用系统的快速、高质量实施。AIM 分为七个阶段，具体如下。

第 1 阶段：项目定义。本阶段主要是规划项目范围，确定项目目标。本阶段的工作内容包括成立以公司主要领导为组长的项目实施领导小组和各部门相关人员参加的项目实施小组，对员工进行业务管理理念和方法的培训，制定企业实施应用管理的具体策略和目标。

第 2 阶段：业务流程分析。本阶段主要是定义项目内容，认识项目的业务和技术上的具体要求。在这一阶段，需要编写项目定义分析报告，报告内容包括用输入、加工和输出图的形式描述目前的流程及希望改进的地方。项目定义分析报告为进一步解决方案的设计提供了依据。为此，需要对项目实施小组成员进行系统的业务管理概念和 Oracle 系统软件功能层次的培训。

第 3 阶段：解决方案设计。本阶段主要是结合业务管理的基本概念和具体的软件功能，分析上一阶段形成的业务分析流程，并针对目前每个业务流程制定解决方案。解决方案可以是直接应用 Oracle 应用系统中的某些功能，或者改进现有的管理流程，或者对软件系统进行一些必要的二次开发。在这一阶段，需要编写项目说明书，作为一个里程碑，同时也作为建立系统的设计任务书。

第 4 阶段：应用系统建立。本阶段包括两个方面的工作内容：一是根据上一阶段制定的解决方案，对管理上（或组织上）需要改进的地方制定改进方案，包括调整分工、规范流程、统一方法和标准信息编码等；二是从软件应用方面着手，进行系统的初始化设计和二次开发。这样可以建立起一个符合企业管理思想的应用系统。这一阶段将完成大量的基础数据的整理工作。

第 5 阶段：文档编码。本阶段与上一阶段同时进行，即在建立应用系统的同时，除了必须对软件进行二次开发，按软件工程要求提供必需的文档，还必须针对需要改进的管理流程和方法，编写或修改原制度、职责和流程图。

第6阶段：系统切换。在这一阶段，为了降低实施系统的风险，各部门需要对应用系统进行测试。如果系统可行，那么开始正式向新系统输入数据、创建初始状态、定义参数、开始运行。为确保系统切换成功，项目领导小组需要及时下达指令，有计划、有步骤地进行系统切换。如果采用新老系统并行运行策略，那么风险会小一些。

第7阶段：运行维护。应用系统经过一段时间的运行，证明该系统安全、可靠、可行，即可正式投入运行。在系统运行过程中，应做好相关记录，并及时发现系统运行中存在的问题，以便对系统进行维护和改进。

5.4　金蝶实施方法论——Kingdee Way

1. Kingdee Way 体系架构

Kingdee Way 是金蝶软件公司的实施方法论，它是在大量客户实践基础上被创造性地提出来的。该方法论采用四步实施法，每一步都有详细的任务分解，并对每一步的具体工作内容、工作时间、工作方式、责任人和工作结果进行了界定。Kingdee Way 体系架构由策略层、操作层和支持层三层组成。

第一层：策略层。策略层是 Kingdee Way 的创新性体现，同时也是金蝶软件公司差异化策略的表现。其内容包含基于目标快速实现的多种实施策略，例如，可以利用经典规程库与经典报表库快速匹配客户的流程需求和报表输出需求，从而实现快速实施策略；可以通过模块成熟度分析表对全盘快速实施策略进行评估。

第二层：操作层。操作层包含项目管理的方法和工具。参照 PMI 的项目管理知识体系，对 ERP 项目实施的全生命周期进行划分，明确了六个实施阶段。每个阶段包括明确的任务、阶段可交付成果和里程碑，以及每个阶段所使用的实施工具，如预制模板和培训讲义。

第三层：支持层。支持层包括一系列知识库，如经典规程库、经典报表库、模块成熟度评价表、行业解决方案、成功案例分析和实施经验分享等。在未来基于网络平台的项目管理系统中，将采用专家系统对知识库进行获取、存储、更新、查询、推理和应用。

2. Kingdee Way 整体线路图和各阶段任务

Kingdee Way 整体线路包括六个阶段，即项目定义、业务蓝图、蓝图实现、上线准备、系统上线和验收交付。

（1）项目定义阶段

项目定义主要是针对项目人员，是指项目计划和项目有关初始约定的一系列相关活动。项目定义阶段的主要任务是根据项目解决方案和企业的具体情况，确定项目目标是什么、做什么、如何做及由谁来做。

（2）业务蓝图阶段

业务蓝图阶段是指导在初步掌握系统标准业务处理的基础上，参照标准业务规程库，将企业目前的业务流程转化为能够在新系统中处理的业务流程，形成企业应用的新系统业务蓝图。

业务蓝图阶段是 ERP 项目实施过程中的关键环节。蓝图定义的过程是企业将自身的业务流程转化为新系统业务流程的过程。在这个转化过程中，实施顾问可能会遇到很大的阻力。因此，在这一阶段，实施顾问必须高度重视，采取适当的策略，确保项目总体目标的实现。

（3）蓝图实现阶段

蓝图实现阶段是根据上一阶段定义的企业业务蓝图，建立具有企业业务处理特征的业务仿真系统环境，模拟实现业务蓝图即进行业务匹配，从而确定企业实际业务处理规范，并在此基础上建立新系统应用框架。

蓝图实现阶段的主要任务是建立新系统业务规程、业务规程草案、上线准备方案、单元上线方案、客户化开发方案和最终用户培训方案等，建立企业整体应用系统框架。

（4）上线准备阶段

上线准备阶段的主要任务是为 ERP 系统上线准备符合系统运行要求所必需的基础数据；ERP 系统全面上线所需的应用网络软硬件环境；建立 ERP 系统应用策略与规程；培训能操作信息系统的人员。

（5）系统上线阶段

系统上线是指根据蓝图实现阶段的规划和系统上线准备计划，将企业当前数据和业务切换到正式的系统中，实现静态数据和动态数据的切换，以及企业业务的正常运行的过程。在系统切换过程中，如果业务流程与系统及业务不对应，将导致流程无法顺利运行，因此，需要对系统模块和流程进行调整，以保证整个系统的稳定运行。

（6）验收交付阶段

验收交付是指项目团队对在项目实施周期内已完成的实施成果进行总结，确认客户方和顾问方在项目计划规定范围内各项工作或活动已经全部完成，确认已达成项目实施目标。项目只有通过验收，才能终止。

5.5　用友实施方法论

用友实施方法论是一种面向客户的快速有效的用友实施方法体系。该方法以大量成功的行业案例为基础，借以强有力的项目管理，协调用友实施所需的各种因素，保证ERP的快速上线和成功。

用友实施方法论的核心思想是：在项目实施中，项目目标的高质量、快速实现取决于三个因素，即实施顾问、实施组织和实施工具。虽然实施顾问会根据自身丰富的行业实践经验，遵循项目管理方法，科学、周密地组织项目实施，按计划开展实施工作，但利用实施方法论定义的标准"实施工具"可以规范实施流程，从而在保证实施质量的前提下，控制项目风险，快速实现项目目标，提高项目成功率。项目实施各个阶段用到的实施工具包括表单和模板、流程工具、方案工具、培训工具和行业关键应用等。在实施方法论的指导下，使得用友实施服务在规范实施业务流程、提供咨询和实施指导和降低实施风险等方面得到了加强。用友实施方法论体系如图5-3所示。

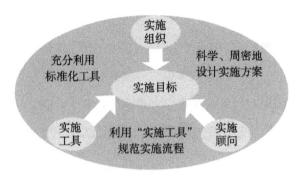

图 5-3 用友实施方法论体系

1. 用友实施方法论路线图及各阶段任务

用友实施方法论路线图如图 5-4 所示。

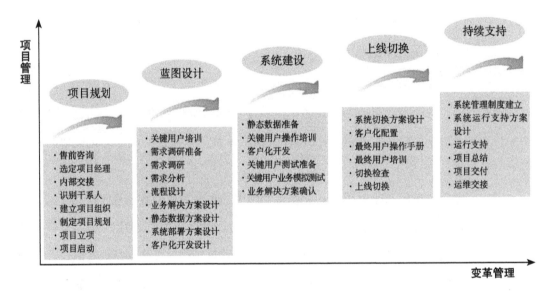

图 5-4 用友实施方法论路线图

第 1 阶段：项目规划。这一阶段的主要工作任务包括售前咨询、内部交接、建立项目组织、制定项目规划和项目启动等。

第 2 阶段：蓝图设计。这一阶段的主要工作任务是调查、分析企业的业务流程和需求，设计理想的管理蓝图，并确定实现这一目标所需的工具、方法、组织结构、数据和数据转换方式等。

第3阶段：系统建设。在这一阶段，由实施顾问指导关键用户根据已确定的实施方案进行数据准备，并进行一次完整的模拟数据和业务流程测试，帮助客户理解企业想要实现的管理理念、管理准则和数据标准等，在此基础上进一步调整和确认实施方案。

第4阶段：上线切换。这一阶段的主要工作任务是指导关键用户将系统正式运行所需的基础数据录入或导入系统，设置系统运行参数和业务流程，完成系统的客户化配置；关键用户对最终用户进行操作流程的培训。在这一阶段，系统运行的工作从关键用户转移到最终用户，并对系统运行结果进行验证。这些工作完成后，系统就可以进行切换，并进入运行支持阶段。

第5阶段：持续支持。这一阶段的主要工作任务包括项目验收和系统运行交接。系统上线后，就开始进行系统移交工作，在关键用户和最终用户的配合下，建立内部运行支持体系，并与运维团队进行内部交接和运维支持。项目实施团队完成项目总结与整体交付，并按计划撤离项目组。

2. 用友实施方法论中的重要角色和重要数据

（1）重要角色

① 项目经理：即对项目的成功策划和实施负责的人。项目经理是项目团队负责人，应熟悉项目管理知识，具有良好的职业道德，能够带领项目团队在预算内按时、高质量地完成所有项目工作，以满足客户的要求。因此，项目经理必须在一系列的项目策划、组织和控制活动中做好领导工作，从而实现项目目标。

② 关键用户：即企业内部精通自己业务流程的人员。在项目实施过程中，关键用户起着非常重要的作用。关键用户应与实施顾问一起完成业务调研、差异分析、方案制定、客户化定制、主数据准备和文档编制等工作；同时，负责协调最终用户与实施顾问之间的关系，优化系统功能，满足业务需求。关键用户是实施项目知识转移的承载者和转移对象。系统上线后，关键用户既要承担主数据维护、后续培训工作，还要辅导其他最终用户完成相应的系统操作。

③ 最终用户：即 ERP 上线运行后的使用者和操作人员，也是系统服务的最终受益者。最终用户一般要在系统上线前接受培训，以熟悉岗位操作流程和业务流程。

（2）重要数据

① 静态数据：ERP系统中的固定数据，如会计科目、存货档案、客户档案、供应商档案和工艺流程等。当静态数据发生变化时，相关人员需要及时更新，确保其准确性。

② 动态数据：在ERP系统应用中随时间变化而变化的数据，如客户合同、库存记录、完工报告和业务单据等。动态数据一旦建立，就需要随时维护。

③ 中间数据：ERP系统根据用户对管理工作的需要，按照一定的逻辑程序，利用静态数据和动态数据，经过系统运算形成的各种报表等。

 习题

一、概念解释

请对以下概念做出正确解释：ERP项目实施方法论、用友实施方法论、关键用户、静态数据、中间数据。

二、选择题

1. 在成功的ERP项目实施中，下面（　　　）角色是必不可少的。

A. 一位能干的项目经理　　　　　B. 一批优秀的业务骨干

C. 一位负责的系统管理员　　　　D. 一支有经验的实施顾问队伍

2. 下面（　　　）是动态数据。

A. 客户合同　　　B. 库存记录　　　C. 完工报告　　　D. 存货档案

3. 下面说法正确的是（　　　）。

A. 实施人员接触的客户方高层管理人员越多，项目就越容易通过验收

B. 应用实施方法论的主要目的是降低项目实施风险

C. 实施顾问是项目知识转移的承载者

D. 一把手工程就是要领导亲自操作

三、简答题

1. 影响ERP项目实施成功的关键因素有哪些？

2. 实施顾问应具备哪些能力？

3. 用友实施方法论的核心思想是什么。

四、案例分析题

某项目上线后，关键用户才发现某个操作流程不适合客户的实际情况，并且流程相关人员联名反映需要修改流程。

请根据上述资料回答以下问题。

1. 出现上述情况是因为哪些工作没有做或没有做好？

2. 出现上述情况后应该如何处理？

第6章

项目规划

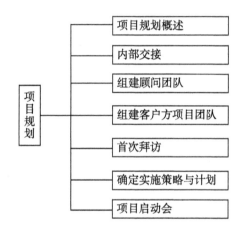

项目规划 —— 项目规划概述

内部交接

组建顾问团队

组建客户方项目团队

首次拜访

确定实施策略与计划

项目启动会

学习目标

1. 了解项目规划的目的和主要任务。

2. 了解内部交接的目的和工作过程。

3. 了解组建顾问团队的过程。

4. 了解组建客户方项目团队的过程和需要注意的事项。

5. 了解首次拜访的目的和工作流程。

6. 了解制定实施策略与计划的目的和工作过程。

114

Y 集团的 ERP 项目实施

ERP 项目实施是一项投资巨大的工程，项目的成功三分取决于软件，七分取决于实施。要想提升 ERP 项目实施成功的概率，不仅需要一款好的软件，而且需要一支优秀的顾问团队。如果实施顾问善于发现 ERP 项目实施过程中存在的问题，并及时给予指导和纠正，将使 ERP 项目实施顺利进行，避免走弯路。在 Y 集团的 ERP 项目实施过程中，顾问团队所起的作用主要体现在以下三个方面。

（1）在 ERP 项目启动前，顾问团队帮助 Y 集团组建了一支 ERP 项目团队。在项目实施过程中，对 ERP 项目团队成员的执行情况进行评估。

（2）在 ERP 项目实施过程中，顾问团队的主要作用体现在两个方面：一是提出解决方案和实施规划；二是深入了解并分析 Y 集团的各项业务需求，在此基础上确定各项业务需求的解决方案。

（3）当用户难以选择某一需求时，顾问团队应挖掘用户的真正需求，然后凭借自身经验为用户提供可行的建议，供用户最终决策。

问题

1. Y 集团的 ERP 项目团队由哪些人员组成？

2. 顾问团队是如何确定符合各项业务需求的解决方案的？

6.1 项目规划概述

项目规划是 ERP 项目实施过程中最重要的一个环节。项目规划的目的是建立项目实施组织和项目实施管理机制，确定项目实施主计划。这一阶段的主要工作任务如下。

（1）实施部与销售部进行项目内部交接，明确项目范围与需求、交付标准、付款条款及其他重要条款等。

（2）实施部经理选定项目经理。项目经理根据项目初步要求和任务、周期等确定项目组织成员。

（3）项目经理帮助企业确定客户方项目经理和项目团队成员。

（4）项目经理与企业高层管理人员讨论项目实施的目标、范围及项目验收标准等内容。

（5）项目经理分析项目中可能出现的各种风险，在此基础上制定实施策略、编写项目实施主计划书。

（6）项目经理组织召开项目启动会，主要向企业各级传达项目背景、项目目标、项目计划和项目实施方法等信息。

（7）建立项目管理制度和项目管理平台，帮助用户在项目实施过程中提高自我管理意识和项目管理水平。

6.2 内部交接

在项目启动前，实施部项目经理对项目的目标、范围、承诺、关键及潜在需求等尚不了解，但大部分信息已经在售前阶段获得，项目经理应如何快速获取这些信息，如何了解项目潜在风险，如何将客户信息由销售部顺利传递到实施部并很好衔接，这些问题需要通过内部交接这一环节来解决。内部交接的目的就是告知实施顾问团队客户的基本信息。这一阶段的主要工作任务如下。

（1）准备项目资料

在内部交接前，销售部须准备好项目资料。项目资料包括软件销售合同、项目实施服务合同、项目建议书和工作任务书等。

（2）举行内部交接会议

内部交接会议主要是让实施顾问团队了解客户方的人员、企业和产品等方面的信息，分析项目可能遇到的风险。内部交接工作需要由项目经理、销售经理和售前顾问进行，完成项目资料交接、口头承诺交接、项目风险的评估和确认。内部交接要明确客户的需求范围，并形成内部会议纪要或工作任务书。

（3）项目资料与口头承诺的交接

项目资料交接是指销售部相关人员将所有在售前阶段获得的项目资料移交给项目经理。移交项目资料时，最好安排售前顾问进行说明或讲解，包括介绍客户的企业情况、实施范围和验收标准。如果销售顾问成为该项目的项目经理，建议在项目团队中也安排这样的会议，向团队成员介绍客户信息。特别是销售人员或售前顾问有责任解释合同的重要条款，如执行范围、执行周期、执行内容、收款条件和收款协议等。另外，售前顾问必须向项目团队成员着重说明在售前阶段向客户口头承诺的内容，包括项目实施范围、软件客户定制问题及可以免费提供的服务等，并做出书面确认。

（4）签订内部交接会议备忘录

项目经理组织销售部相关人员举行内部交接会议。会议结束后，项目经理和销售部负责人必须签订内部交接会议备忘录，对会议中提到的问题和双方的交接内容进行确认。

6.3 组建顾问团队

不同的信息化项目对顾问的要求不一样。在项目实施领域中，"没有最好的顾问，只有合适的顾问"。因此，实施部经理要了解项目，并根据项目特点选择合适的项目经理。当然，项目经理也应尽最大努力了解项目的所有情况，并根据掌握的信息选择实施顾问，明确项目团队成员的责任，为高质量项目的交付奠定坚实的基础。

顾问团队成员包括实施顾问、技术顾问和管理顾问。实施部经理需要将顾问团队任命在公司内部发布。顾问团队将着手行业资料及案例库搜索，了解客户的基本状况，对项目进行初步讨论。

需要注意的事项如下。

（1）不强行指派不合适的项目经理，避免项目过程中的高风险。项目经理的选择直接关系到项目实施成败，因为项目经理会领导项目实施，如果项目经理不合适，可能导致项目失败。

（2）如果顾问配备不够或技能不足，项目质量将降低，项目将被推迟。顾问团队成员的合理配置也非常重要，只有把合适的人才放到合适的岗位上，才能最大限度地发挥他们的能力，对项目才能起到巨大的推动作用，提高项目成功率。

（3）如果任命了临时项目经理或实施顾问，等到合适的人员从其他项目中脱离出来后，再加入该项目，往往会导致客户的不满，因此实施部经理必须慎重采用这种方案。

（4）顾问必须熟悉产品和技术的信息，了解客户的业务，并与客户经常沟通，否则，顾问可能会不被客户认可，甚至被客户要求离开顾问团队。

6.4 组建客户方项目团队

顾问方项目经理应当帮助客户方组建项目团队，为后续的项目实施工作奠定基础。

首先，项目经理需要与客户沟通，明确客户方项目经理的重要性，以及客户方项目经理必须承担的义务和责任，协助客户选择合适的项目经理。在项目实施过程中，建议项目经理必须专职参与项目，将全部精力投入项目实施。其次，项目经理要向客户解释项目团队成员在项目实施中的重要作用。

必须保证客户方项目团队组织结构和人员配备的合理性，确保项目团队成员在项目实施过程中有足够的时间投入。项目团队成员的日常工作必须进行相应调整，项目实施效果直接纳入个人绩效考核。

需要注意的事项如下。

（1）客户方项目经理必须是企业高层管理人员信任的人，能够与顾问方建立良好的关系，具备较强的协调能力，熟悉企业管理运作实务。

（2）项目经理必须通过正式和非正式的沟通，使项目指导委员会主要成员了解如何参与项目实施。

（3）客户方项目经理必须积极赞同项目实施，并对项目实施成功抱有坚定的信心。客户方项目经理对于 ERP 理论知识的理解、项目控制的能力等情况会直接影响项目实施的具体效果。

（4）客户方项目经理的项目时间投入及其在企业中的威望等会影响项目进展。如果项目经理投入的精力和时间不足，有些工作不能做得很细致，得不到企业各部门的支持，同样会影响项目实施的进度和质量。客户方项目团队成员的工作态度也会影响项目实施的进度和质量。

（5）如果项目组织的沟通机制和项目实施工作考核管理不健全，就会导致项目组织流于形式。项目经理应帮助企业建立项目考核制度，完善项目运作管理方式及内部沟通方式。

（6）客户方高层管理人员的支持和推动必须落到实处，必须实时掌握项目进展情况，并及时调整企业的战略，确保项目实施的顺利进行。

6.5 首次拜访

首次拜访即第一次拜访。项目经理通过与客户方管理层的沟通、交流，听取客户对企业管理现状的介绍，以及对信息化的要求的描述，可以对客户的情况有一个大致的了解。项目经理通过展现专业的职业素养，得到客户的认可，为项目实施工作的顺利开展奠定良好的基础。首次拜访的工作流程如图 6-1 所示。

图 6-1 首次拜访的工作流程

首次拜访过程中需要收集和了解的信息如下。

（1）企业信息化管理现状。

（2）企业信息化项目的实施目标、实施范围和验收标准等内容。

（3）企业高层管理人员对项目的重视程度及相关人员的投入情况。

6.6　确定实施策略与计划

首次拜访结束后，项目团队在了解项目背景、项目范围和项目目标的基础上，确定实施策略与计划。这一阶段的主要工作任务如下。

（1）提出项目实施策略，制订项目实施主计划

根据项目分析与评估的结果，项目团队应提出可能的项目实施策略，包括分阶段的上线策略、CRM策略、需求和范围管理策略、试点上线策略、质量和风险管理策略、验收策略、沟通策略、知识转移策略及顾客导向实施策略等。在此基础上，制订项目实施主计划，包括项目实施总体计划、里程碑计划、进度计划、资源计划、成本计划、质量管理计划，风险管理计划和沟通计划等。

项目实施主计划是项目开始实施前的整体规划，是项目实施进度控制的依据和基础。项目实施主计划明确了项目实施的具体时间、阶段任务及具体负责人。通过项目的前期策划，引导项目团队成员完成不同的任务，让他们清楚地知道在项目的不同阶段所投入的资源不同，实施工作的重点不同，确保项目的质量和进度。

（2）确认项目里程碑，制订里程碑计划

项目里程碑是指在项目实施过程中具有重要意义的事件的开始或结束的时间点，是项目的生命周期中的关键事件。项目里程碑必须有交付成果，而不能只是一些活动或过程。对于里程碑状态的评审，只能有两个结果，即已完成目标和未完成目标，而不能是"正在进行""按计划进行"等表示过程的描述。里程碑是项目中一部分工作包集合输出结果（或工作成果）的状态，包括工作包的功能、进度、费用、资源估算及工作包所在

组织单元的职责。里程碑可以让宏观管控更有成效，制订里程碑计划有利于对项目进行跟踪和管理。里程碑计划是一个具有战略性的或框架性的计划，它以可交付成果清单为依据，显示了项目为达到最终目标而必需的条件或状态序列，描述了在每一阶段要达到的状态。

里程碑计划的制订是项目实施过程中进行项目计划管理的重要技术。里程碑计划是以项目中某些重要事件的完成或开始的时间点作为基准制订的计划，以中间产品或可实现的结果为依据，显示了项目为实现最终目标所必须经过的关键状态。

在项目的不同阶段，可以根据需要制定阶段性的里程碑。阶段里程碑一般由项目实施小组确定，以便更好地控制和管理项目进程。一般合同会规定一些重大事项及其约束，项目执行方一般依据最终截止时间采用倒排方式制订里程碑计划。重大里程碑计划一般在项目范围规划之前，依据项目任务书或合同书中规定的关键节点或事件描述，并结合项目最终成果要求，采用反向倒排方式或根据确立的项目阶段来制订。

（3）交付文档

这一阶段需要交付的文档主要有项目实施策略和项目实施主计划书。

6.7 项目启动会

项目启动的成功与否在一定程度上决定了项目实施的难度和效果。项目启动会要起到造势、定规矩的作用。

项目启动会的流程如下：首先，由客户方项目经理对企业项目前期的准备情况进行介绍，并介绍项目团队成员及其职责；其次，实施方项目经理向企业介绍项目团队成员及其职责，并就项目实施方法做主题演讲；最后，客户方高层管理人员总结发言，表达他们对项目的重视。实施方在召开项目启动会前必须做充分的会前准备工作，与客户方高层管理人员进行深入交流，明确此次会议的意义。召开项目启动会时需要注意的事项如下。

（1）实施方项目团队在会议中的表现将直接影响企业管理层和其他业务人员对项目

实施的决心、信心。

（2）企业高层管理人员在会议上的讲话在一定程度上会左右中层管理人员对项目实施的态度。

（3）如果项目启动会准备不充分，将会降低企业对实施者的信心，增加项目实施的风险。

 ## 习题

一、概念解释

请对以下概念做出正确解释：项目规划、项目实施主计划、项目里程碑、里程碑计划、实施顾问。

二、选择题

1. 内部交接的目的是（　　）。

A. 告知顾问团队客户的基本信息和历史

B. 确认对客户的定义的项目范围和工作任务

C. 利益相关者的信息及其他值得注意的关注点

D. 以上都不是

2. 下面（　　）是实施方项目团队成员，（　　）是客户方项目团队成员。

A. 咨询顾问　　　B. 技术顾问　　　C. 关键用户　　　D. ERP 系统管理人员

3. 项目里程碑是指（　　）。

A. 项目交付的成果

B. 项目已完成的目标

C. 项目未完成的目标

D. 在项目实施过程中具有重要意义的事件的开始或结束的时间点

4. 项目启动会应该在（　　）进行。

A. 双方项目团队确认项目实施主计划前

B. 双方项目团队确认项目实施主计划后

C. 组建客户方项目团队前

D. 组建客户方项目团队后

三、简答题

1. ERP 项目规划的目的是什么？

2. 为什么要进行内部交接？

3. 如何理解"没有最好的顾问，只有合适的顾问"？

4. 首次拜访应做好哪些准备工作？

5. 如何制订项目实施主计划？

6. 召开项目启动会的意义是什么？

四、案例分析题

C 公司是一家集产、供、销于一体的现代化医药企业，产品包括传统中成药、参茸饮片、滋补类保健食品和普通营养食品。因 C 公司业务量暴增，组织规模迅速扩大，出现部门沟通不畅、工作效率低下的情况，老系统已难以应付，亟须一个统一、集成、一体化的信息化平台予以支撑。C 公司规划的 ERP 项目包括采购、销售、库存、计划、车间、总账、应收、应付和资产等模块。第一期完成总公司、生产基地及物流中心的上线工作，第二期向分支机构推广。

根据上述资料回答以下问题。

1. 在项目调研分析阶段，物流中心经理因故不能参加调研访谈会，关键用户代为参会。事后，物流中心经理拒绝在现状分析报告上签字。对于这种情况，项目经理应如何处理？

2. 项目在业务讨论过程中，生产基地的关键用户列出很多需求，包括售前的一些承诺、以前使用的系统的功能及管理提升需求等。对于这种情况，实施顾问应如何处理？

3. 在项目实施过程中，很多关键用户依赖实施顾问，希望其能够随时指导软件的各项操作，并且要求其协助整理基础资料、录入数据等工作。对于这种情况，实施顾问应如何处理？

第7章

蓝图设计

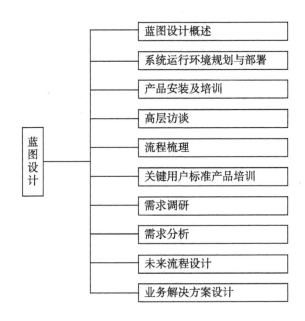

1. 了解业务蓝图设计的概念及蓝图设计阶段的任务。

2. 了解运行环境规划与部署的目的和工作任务。

3. 了解高层访谈的意义和工作方法。

4. 了解流程梳理的目的、工具和方法。

5. 了解关键用户培训的目的、任务和工作方法。

6. 了解需求调研的目的、内容和工作方法。

7. 了解需求分析的目的和任务。

8. 了解未来流程设计的目的、过程和策略。

9. 了解业务解决方案的设计目的和基本原则。

引例

中国国旅财务共享服务中心信息化建设

一、企业背景

1. 企业背景及业务

中国国旅集团有限公司（以下简称"中国国旅"）是在中华人民共和国国务院和国务院国有资产监督管理委员会的批准下，由中国国际旅行社总社（以下简称"国旅总社"）与中国免税品（集团）总公司（以下简称"中免总公司"）合并重组而成的。2003年12月，中国国旅着手组建。2004年11月，中国国旅正式成立。2006年5月，正式称为中国国旅。中国国旅目前已成为集旅行服务、交通运输、对外贸易、房地产开发与管理、电子商务等综合服务于一体的国有重点大型企业集团。

2. 信息化现状

在财务系统方面，集团各级子公司主要使用用友 NC5 产品，但是没有统一部署，分别部署了 4 套硬件、4 套财务核算软件、4 套报表软件、4 套数据库、3 套资金系统，核算、报表和资金为多个供应商软件，财务管理较分散，信息生成与传递路径长、效率低。

在业务系统方面，国旅总社和中免总公司分别使用了多个不同供应商的业务软件。其中，国旅总社主要有外联系统、地接系统和主数据系统等，中免总公司主要有久其报表系统、久恒星资金系统、终端零售系统和仓储系统等。中国国旅希望借助财务共享服务中心建设统一信息化平台，实现财务信息与业务信息的集成、共享。

3. 财务部工作状况

近年来，随着中国国旅的快速发展，财务部员工的工作量和压力成倍增长，不但工作的错误率上升，领导问责，而且因加班成为常态，员工苦不堪言，抱怨连连。这几年中国国旅迅速扩张，业务面越来越广，线上线下的主营业务有十几种。各级公司会计每个月要处理很多单据和凭证，就总部一家单位月单据连就达到几千张甚至上万张，财务部整合起来要耗费很多的时间和精力。集团内各公司的业务系统多，信息、文件转换起来十分麻烦，有时无法及时看到信息，事情很容易被耽搁，效率也不高。近两年，因为人员流动性大，财务对业务的支持和保障作用，以及财务部自身的价值创造作用难以发挥，财务部的价值被削弱。

二、建设动因

针对中国国旅各业务板块和总部财务的信息化系统都使用用友 NC5 产品，没有统一部署，也没有统一的财务制度与政策要求的现状，董事会在 2015 年的工作计划中提出了建立中国国旅强总部的工作指导意见，加强总部对下属单位的财务管控，促进管理转型，提升市场竞争能力。经过多方考察和详细的调研、分析，结合中华人民共和国财政部在《企业会计信息化工作规范》(财会〔2013〕20 号)中提出的"分公司、子公司数量多、分布广的大型企业、企业集团应当探索利用信息技术促进会计工作的集中，逐步建立财务共享服务中心"的意见，中国国旅决定建设自己的财务共享服务中心，进而统一信息化平台。依据招标结果，最后选定用友公司为软件供应商及实施商。

三、解决方案

项目团队经过深入调研、分析、研究，完成了财务共享服务中心的架构设计、业务流程的优化设计、财务业务一体化设计、共享内容设计、信息系统的集成设计及多端应用同步设计。

1. 财务业务架构

针对中国国旅业务热点及人员现状，项目团队经研究决定对中国国旅财务共享服务中心采取大集中部署，为保证快速上线及合理利用现有财务人员能力，共享建设阶段设三个共享分中心，即总部共享中心、总社分中心和中免分中心；等进入稳定运行阶段后将撤销两个分中心，将其统一到总部共享中心。每个分中心按照业务分别设立费用组、收入组、成本组、资金组、综合组和报表组等，每个组配备相应的核单人员。

2. 财务组织架构

建立财务共享服务中心后，中国国旅的财务组织架构将从之前以各单位为主的独立、分散、分级的财务管理体系转变为"战略财务、共享财务、业务财务"三位一体、扁平化的财务管理体系。集团总部、国旅总社本部、中免总公司本部为战略财务，设置独立的财务机构；各级单位将逐步取消独立的财务机构，改为由集团统一委派业务财务，业务财务人员数量根据企业规模确定；财务共享服务中心设在集团财务部内，由财务部统一领导和管理。

3. 信息系统架构

在财务系统方面，中国国旅实行了一套统一的财务系统，可以实现高效的账表一体化及核算与资金一体化。总账核算、资金管理、网络报表、资产管理和预算管理等均采用用友 NC6 产品。通过高度统一、集成的财务系统，极大地提高了财务业务处理的自动化和标准化，实现了财务业务的共享，从而解决了财务转型问题。

在业务系统方面，保持原有业务系统不变，采用建立主数据的方式，通过专用开发接口与用友 NC6 共享平台进行双向数据传输，实现及时、高效的财务业务一体化。通过主数据方式实现财务系统与业务系统的连接，既保证了财务共享的快速上线，又不影响未来业务系统或财务系统的灵活调整；通过财务共享平台中的单据，业务系统与财务系统连接，特别是进入共享系统时，通过对业务流程、审批流程、录入规则和预算控制等各种文档进行配置，能很好地将企业内部控制融入业务流程和每位业务人员的日常工作。

四、系统建设历程与效果

中国国旅财务共享服务中心的建设经历了可行性论证、供应商考察选型、总体规划设计、业务咨询和实施、平稳运行、优化提升和财务转型等阶段。中国国旅财务共享服务中心具有业财高度融合、数据高度集成和业务高度共享等特点，在不到一年的时间实现了各级单位的上线和平稳运行，成效显著。

问题

1. 中国国旅建设财务共享服务中心的原因是什么？

2. 财务共享服务中心是如何实现业务数据化和财务业务一体化的？

3. 中国国旅财务共享服务中心的建设经历了哪些阶段？

7.1 蓝图设计概述

1. 业务蓝图

蓝图本章意指业务蓝图，即业务规划。业务蓝图是指改进后的企业流程模型。设计业务蓝图是 ERP 系统实施前的重要环节，它解决了企业面临的管理难点和管理困惑，同时解决了企业运作和 ERP 系统有机衔接的问题，为 ERP 系统成功上线和有效运用提供了坚实的保障。业务蓝图是国际 ERP 界通用的一种企业建模方法，其用一种企业可以理解的方式说明复杂的过程，是一种清晰而又简单的描述方法，只用少量不同的符号，以集合的方式进行组织，定义了什么人必须在什么时候采用什么方法去做什么事情，这种描述方法使得非专业人员也可以理解复杂的业务过程。

2. 业务蓝图设计

业务蓝图设计就是分析企业的需求，设计一个理想的管理蓝图，根据当前的需求和未来的理想设计一个具体的目标，以及实现这个目标所需要的工具、方法、组织结构和数据转换。这一阶段对整个 ERP 项目来说最为关键。业务蓝图定义过程是企业将现有的业务流程转化为新系统业务流程的过程。在转化过程中，由于一些人有抵触情绪，势必会给变革带来很大的阻力，甚至会在这一阶段出现相当大的冲突。因此，实施顾问必须高度重视这一阶段的工作，采取适当的策略，确保实现项目的总体目标。同时，实施顾问也要清楚地知道这一阶段的问题解决难度较大，但决不能绕开。如果这一阶段的工作不扎实，项目目标就不明确，最终的项目实施结果就无法确认，项目就无法验收。

3. 蓝图设计阶段任务

在蓝图设计阶段，顾问团队需要对企业各项相关业务流程和管理需求进行详细的访谈与调研，详细了解客户各方面的需求。在这一阶段，实施顾问应经常相互沟通，以便更全面地把握客户的需求。在全面了解客户需求的基础上，企业方和顾问方再确定新的业务流程、管理模式、数据规范和报表。在这一阶段，顾问团队要对企业现有的业务流程进行分析，并对 ERP 系统应用后可能发生的一系列业务流程变更进行设计，最终确认基于新业务流程的 ERP 系统蓝图——业务解决方案。这一阶段的主要工作任务如下。

（1）对于并发量和数据量较大的项目，技术顾问要和技术关键用户调查客户的应用环境，再根据项目规划完成系统部署方案。在客户的 IT 系统中安装标准产品，建立初步应用环境。

（2）通过高层访谈，了解高层管理人员对企业经营战略及整体管理现状的理解程度；对项目调研中发现的管理问题进行沟通，并获得高层管理人员的认可和确认；明确高层管理人员对项目的期望；获得高层管理人员对项目的承诺和支持。

（3）通过流程梳理，使客户流程体系结构化、有序化，建立适用于客户各级管理层的流程视图，帮助各部门按照统一的规范绘制流程图。

（4）关键用户培训是指对客户方项目团队成员进行培训。培训内容包括管理理念培训、标准产品应用培训和项目管理培训等。

（5）在进行需求调研前，需要制订需求调研计划。需求调研计划的内容包括调研提纲、调研问卷等。需求调研结束后，需要编写需求调研报告或调研日志。

（6）需求分析即双方分析确认新需求，重点分析现有的业务流程和管理问题，提出初步解决思路和优化方案，提交需求分析报告。

（7）流程优化设计就是对已确认的主要业务流程进行优化设计。对于大项目，流程设计方案可以单独提交。

（8）双方根据之前的需求分析和流程优化设计等，共同制定业务解决方案草案，并让双方的项目团队成员充分理解。

7.2 系统运行环境规划与部署

系统运行环境规划与部署的目的是保证 ERP 系统的正常运行，避免 ERP 系统上线后由于网络环境、计算机软硬件等问题造成故障。在项目实施过程中，如果双方项目团队只关注用户需求和系统本身，而忽视系统的网络环境，可能导致系统上线后效率低下、用户投诉不断，以及企业领导对系统稳定性的怀疑等问题。例如，一个小型项目的项目经理在项目规划阶段对客户的服务器配置及到位时间未做明确要求，当与客户确认完解决方案进入产品安装、调试阶段时，发现客户的服务器还在采购中，这极大地影响了项目整体交付时间。

为了避免这些问题，有必要提前做好客户的系统运行环境规划与部署工作。这一阶段的主要工作任务如下。

（1）对客户的网络及软硬件环境进行评估、评测。

（2）提供 ERP 软硬件配置标准或有针对性的配置方案。

（3）确认产品安装的软硬件环境。

（4）安装并调试产品和系统环境。

（5）对系统管理员进行相关知识和技能培训。

这一阶段需要注意的事项如下。

（1）对于大型复杂的项目，其并发用户多，硬件及网络配置非常重要。

（2）项目经理一定要把好环境关，必要时将问题交由研发部和测试部，由它们定夺。

（3）客户一定要按技术解决方案的要求做准备，不要"偷工减料"，避免系统上线后出现严重的环境问题。

7.3 产品安装及培训

在产品安装前，客户需要事先准备好服务器及客户端计算机，安装操作系统及数据库，并完成网络架设等工作。但是，客户并不了解需要准备的具体标准。产品安装后，如果不培训客户系统操作的日常管理，将来会增加实施顾问的工作量。

培训的目的是让客户熟悉 ERP 系统运行环境，具体包括培训、练习、测试和上线等环节。培养客户方系统管理员独立完成日常系统管理工作，包括产品安装、操作员维护、权限维护、账套建立与修改、产品卸载和数据备份等。

1. 产品安装及培训工作流程

产品安装及培训工作流程如下。

（1）检查客户方软硬件环境准备情况。在产品安装前，技术顾问或客户方系统管理员应尽早检查客户方提供的硬件配置和系统软件是否满足产品运行要求。如果不满足产品运行要求，提请客户方尽快落实，否则不能安装。如果客户方的软硬件准备需要一个较长周期，如采购服务器、数据库等这类设备在项目启动时可能没有到位，为了不影响项目进度，可以使用符合要求的替代设备，但使用前需要由技术顾问检查、确认。

（2）根据软件合同，安装 ERP 软件并调试正常。大型企业管理软件对系统的安全性和适用性要求很高，往往使用大型数据库，在 Unix 系统上运行，使得环境配置更加复杂，用户无法自行承担。因此，ERP 软件安装应由技术顾问负责。技术顾问应在产品的安装、调试过程中对客户方系统管理员进行操作培训，使其能尽快承担系统管理工作。产品安装并调试完成后，需要对数据库进行备份，并对产品功能进行简单测试，包括基本参数配置测试、一般操作流程测试，以保证 ERP 软件的正常运行。测试可以在技术顾问的协助下完成，测试项目和测试结果须记录在产品安装确认报告中。

（3）客户方系统管理员的培训和考核。由技术顾问负责客户方系统管理员的培训和考核。在产品安装并调试过程中，技术顾问可以对客户方系统管理员进行现场操作培训，也可以安排专门的培训。培训应侧重于软件产品的安装；相关数据库管理系统操作技能；系统的日常维护技能，如常见故障的诊断与解决、补丁的使用等。培训前，技术顾问应编写系统管理员操作手册。技术顾问应记录培训过程，并做好培训后的考核工作。考核内容以客户方系统管理员岗位职责为依据，不限于技术顾问提供的一些数据库和操作系统基础知识等培训课程。技术顾问提供的培训应该围绕产品的安装、调试和维护，不可能从最基础的部分讲起。因此，客户方系统管理员应该具备扎实的基础知识，确保知识成功转移。

（4）编制产品安装确认报告。技术顾问负责编制产品安装确认报告，并将其提交给客户方系统管理员、项目经理签字并加盖公章。

2. 需要注意的事项

为培养出合格的客户方系统管理员，项目团队应明确提出对客户方系统管理员的专业素质要求，技术顾问应尽早提供适用的技术资料。产品安装、调试过程必须有记录，培训考核必须有结果，这两项都是必不可少的。

7.4 高层访谈

项目团队需要充分了解高层管理人员对项目的关注点，消除他们对项目实施的困惑。这一阶段的主要任务如下。

（1）制订高层访谈计划：项目团队负责确定高层访谈的日程，以及每次访谈涉及的人员和角色，提前预约高层访谈的时间。

（2）提交高层访谈提纲：项目团队负责制定高层访谈提纲（见表7-1），并将其提交给高层管理人员。

（3）实施高层访谈：项目团队根据高层访谈提纲，在约定的时间、地点实施高层访谈，并做好访谈记录。

（4）编写访谈纪要与总结：访谈结束后，项目团队需要编写访谈纪要，并对此次访谈进行总结。

表 7-1 高层访谈提纲示例

一、企业基本情况了解

1. 您觉得 ×× 企业的核心能力是什么？

2. 未来几年企业的战略重点有哪些？

3. 核心策略行动有哪些？

4. 企业未来向集团化管控方向发展的思路是什么？

二、业务管理

1. 请问您分管的业务职责内容及组织形式、管控模式是什么样的？

2. 您有无对主管的业务管理模式进行改进的设想？

3. 目前业务的信息处理存在哪些不足？

4. 与其他业务板块的协同关系是否存在改进的空间？

三、管理与信息化

1. 请谈谈您对企业信息化建设的理解。您认为信息化有助于企业提升哪些方面的能力？

2. 企业当前的经营数据标准化水平如何？您有何改进建议？

3. 请您对企业的信息化建设现状做一个简单的评估。您认为企业的信息化建设当前存在哪些问题？应该采取哪些具体措施解决问题？

4. 您对企业未来信息化建设有何期望或建议？

四、补充

1. 您还有其他系统需求吗？

2. 您对实施方有什么要求？

7.5 流程梳理

流程梳理是为企业现状诊断、把脉，对企业未来的流程框架进行规划。流程梳理也是流程分析，是流程优化与流程管理的基础和前提。流程梳理就是要使客户流程体系结构化、有序化，建立适用于客户各级管理层的流程视图，帮助各部门按照统一的规范绘制流程图。

1. 流程梳理工作过程

流程梳理工作一般经过五个过程，即定义流程架构、设计流程总图、梳理流程目录、流程现状绘制和流程会审及发布。

实施方需要根据客户方流程的复杂性为客户方的流程设计合理的流程架构，并对客户方的流程架构进行定义。设计流程总图时需要描述核心流程逻辑、企业控制流程逻辑和企业支持流程逻辑。梳理流程目录需要收集大量的资料，包括组织、制度、形式和现行工艺等方面。流程现状绘制需要经过四个环节，即流程绘制模板设计、流程绘制培训、流程绘制指导和流程绘制质量检查。在流程会审及发布过程中，实施方需要协助客户制订流程会审计划；协助企业各部门组织流程会审，并提供专家评估意见；协助企业各部门把会审后的流程向企业高层管理人员汇报，并为会审后的流程修改提供技术指导。

流程梳理工作中不能出现以下情况：如客户参与度不够，由实施顾问主导流程梳理；流程描述脱离实际，未与当事人进行沟通和确认；各流程人员对流程架构理解不到位，流程描述仅限于部门内部；流程图没有按照统一规范进行描述；流程发布之前未得到相关领导的会审和认可等。

2. 流程梳理示例

下面是某企业的采购与付款流程目录（见表7-2）与采购付款管理流程（月度付款计划）（见图7-1）。

表 7-2　某企业的采购与付款流程目录（部分）

编号	流程名称
51	供应商管理流程
5101	新供应商准入评价程序
5102	合格方和备选方年度评价程序
52	采购管理流程
5201	生产物资采购程序
5202	工程物资采购程序
5203	非生产物资采购程序
53	招标管理流程
54	采购发票报销入账流程
55	采购付款管理流程
5501	采购付款管理流程（月度付款计划）
5502	采购付款管理流程（预付款或计划外付款）

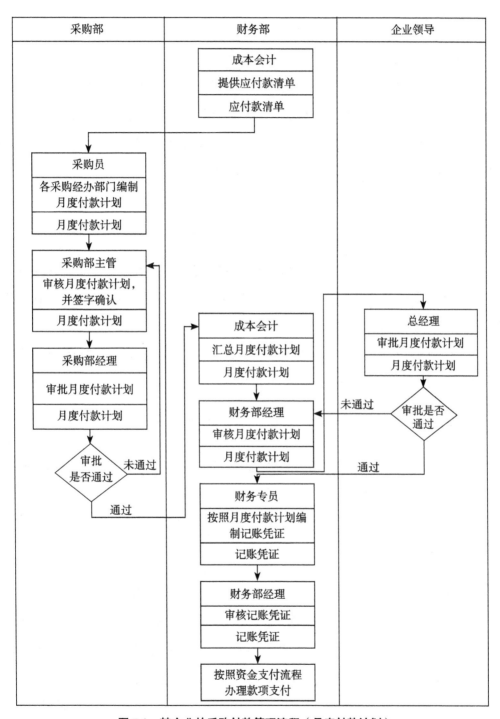

图 7-1 某企业的采购付款管理流程（月度付款计划）

7.6 关键用户标准产品培训

对于企业的关键用户，特别是信息化基础薄弱的企业，它们往往在标准产品培训前不了解 ERP 相关业务，更不了解产品基本功能，因此在调研等沟通环节缺少共同语言，增加了沟通成本。关键用户经过标准产品培训后，他们就可以与项目团队很好地沟通，并且能够充当企业内部的知识传播者。

1. 培训工作过程和策略

培训工作过程和策略如下。

（1）制订培训计划。培训前，应根据客户的特点和项目范围，制订合理的培训计划。培训计划的内容包括培训时间、培训地点和培训方法等。培训内容主要包括标准产品功能培训和标准业务流程培训。

（2）做好培训准备。为了保证培训效果，必须做好培训准备，具体包括落实培训教材、准备培训场地和设施、对培训场地和设施进行检查、确定培训对象、进行培训前的最终确认。

（3）组织培训。培训对象是各部门的关键用户和业务骨干，课程内容是每个模块的标准产品。培训考核有笔试和计算机操作两种方式。在具体操作中，可以列出学员应掌握的内容，对学员进行逐一考核，并记录考核结果。

（4）培训总结。培训结束后，需要对学员产品掌握程度进行评估，对培训讲师授课质量进行评估，并总结培训效果。

2. 培训工作中需要注意的事项

培训考核既是对培训效果的检验，也是对培训工作的记录和确认。在实际工作中，客户方项目团队成员在培训后离职、调离或以不了解产品为借口拒绝承担关键用户的责任时有发生。因此，培训考核结束后，学员应在考核结果上签字确认，避免以后要求再次培训和过于依赖咨询顾问。在实际工作过程中，很多项目并没有严格让关键用户进行最终用户培训，主要原因是在项目开始时，双方的责任和义务并不明确。关键用户认为他们只要自己掌握了就行，而最终用户认为培训是实施者的责任，这就导致了工作的被动性，因此必须注意这一点。

7.7　需求调研

需求调研的目的是了解企业的组织结构、业务内容及其处理流程，同时获取实施软件所必需的参数信息，进而挖掘客户的需求。需求调研的工作任务包括制订调研计划、准备调研提纲、开展调研培训，以及整理调研记录及编写调研报告。需求调研是一个复杂而又细致的工作，需要精心准备。要根据企业的行业特性做好相应的计划和组织等准备工作，切忌用一套调研提纲走遍所有的需求调研单位。调研应针对不同的人员采取不同的方式进行，充分了解客户的现状和管理问题及需求，为下一步的需求分析奠定坚实、可靠的基础。

1. 业务调研工作过程

业务调研工作一般需要经过业务调研准备、业务调研说明、业务调研实施和业务调研总结四个过程。

（1）业务调研准备

业务调研准备过程中的主要任务如下。

① 明确调研策略。要先明确调研策略，再和企业沟通调研计划，不能出现策略不明确，边调研边调整的情况。

② 明确调研内容。调研内容包括提交的调研报告的格式和与客户交流的时间安排等，要细化到每一阶段的工作内容，分解到每一天的具体时间点。

③ 安排调研顾问。调研顾问必须对软件产品非常熟悉，并且拥有丰富的业务经验。在调研及分析过程中，调研顾问需要了解用户各种业务处理的操作流程及其涉及的单据，以及单据在各部门之间的传递过程，还要明确各岗位人员的职责。

④ 制订调研计划。调研顾问应制订详细的调研计划。

⑤ 编制调研提纲。调研提纲的内容包括企业现状、组织机构、人员岗位设置、现

有业务流程、具体业务流程的操作步骤及要求、特殊业务处理、需求目标、单据、报表和查询统计要求等。

（2）业务调研说明

调研顾问需要对关键调研问卷与调研内容进行培训和讲解，确保调研问卷的反馈质量。同时，调研顾问需要对客户进行当前业务流程整理方法的培训，使客户掌握业务流程整理的目的和方法，确保业务流程整理的顺利进行。

（3）业务调研实施

业务调研策略建议采用"总—分—总"形式。首先，了解客户的整体业务及核心需求。其次，按部门进行业务调研。最后，通过走现场对业务进行实际串联，进而整合业务调研报告。

调研顾问应在整个调研活动中发挥主动性，能够控制整个调研活动的进度，确保得到自己想要的内容。企业总体调研主要是对企业的整体经营状况进行调查，如企业组织、主要产品及其业务流程等。部门业务调研可以采用分组走访的形式，到企业的各部门进行业务调研。调研内容应参照调研提纲或调研问卷的内容，先进行总体业务调研（完整的业务运营流程和处理方式），然后进行详细的业务调研（各业务环节的运作细节，以及各种特殊情况下的业务变化和相应的处理措施等）。另外，调研顾问还要了解企业各部门的组织结构、人员编制、业务分类、往来单据和软件产品中需要用到的参数及基础数据、对业务改善建议和需求目标等。为了避免误解和遗漏，每个部门调研完毕后，部门相关人员应确认调查内容。

调研形式主要有两种，即顾问与用户之间访谈、用户填写调查问卷及流程图。顾问应与不同的用户如项目小组或单位业务人员会谈，从多个角度获得企业的业务管理思想和业务处理现状。

为了提高调研的效率和效果，客户方项目经理和调研顾问在调研之前要做好充分准备。客户方项目经理要召集被调研的部门及人员开展组织内部讨论。调研顾问要编制一份详细的调研提纲，作为调研的依据。在调研时，调研顾问不能就调研提纲逐一提问，而应该启发被调研者，引导他们思考。另外，调研顾问要与客户方项目经理等关键成员一起参与调研，客户方项目经理可以发挥协调作用。调研结束后，调研顾问需要及时提炼调研中的主要问题，并将其提交给客户方项目团队审阅，看调研顾问是否正确理解。

（4）业务调研总结

一般情况下，调研顾问白天进行业务调研，晚上整理调研记录。调研顾问走完现场后，要结合客户现场工作情况，对业务调研的全部内容进行调整，并将调研内容整合到Word文档中，要注意排版格式规范，文字准确易懂，结构清晰。

2. 需要注意的事项

在进行业务调研时，必须选择经验丰富的调研顾问。让客户对业务调研报告进行确认的目的是了解调研顾问理解和表达的要求是否正确，但这并不意味着可以满足报告中列出的所有要求，这一点需要向客户说明。对于不切实际的需求，调研顾问应该说服客户暂时放弃，不要依赖定制化开发，否则风险会很大。对于业务流程整理，如果客户有良好的基础，那么调研顾问应指导客户整理和描述当前业务流程；如果客户基础较差，那么调研顾问需要自行整理客户的业务流程。

3. 需求调研计划、提纲及报告示例

表 7-3 是需求调研计划示例，表 7-4 是调研提纲示例，表 7-5 是需求调研报告示例。

表 7-3　需求调研计划示例

日期	时间	调研顾问	工作内容	参与部门或人员	调研人员	备注
2018 年 5月 8 日	全天	李 × ×	销售管理需求（销售管理、销售价格和销售信用）	销售管理中心、财务相关人员	—	—
2018 年 5月 9 日	全天	李 × ×	采购管理需求（采购计划、请购管理、采购管理、采购价格和委外加工）	采购管理及财务相关人员	—	—
2018 年 5月 10 日	全天	田 × ×	财务核算需求（总账、固定资产）	财务相关人员	—	—
		李 × ×	采购管理、销售管理需求整理及调研补充	销售管理中心，采购管理及财务相关人员	—	—
2018 年 5月 11 日	全天	田 × ×	财务核算需求（总账、固定资产）	财务相关人员	—	—

表 7-4　调研提纲示例

---

1. 仓库管理

（1）请描述企业库存管理的组织结构及实际的地理库位。

（2）请罗列企业的仓库种类。

（3）是否按仓库货位进行管理？是否采用批号管理？

2. 物料管理

（1）请描述企业物料的编码原则。企业是否使用统一的编码原则？是否存在物料编码不一致的情况？

（2）请详细描述物料的分类规则。

（3）目前物料是否采用批次管理？

（4）是否对物料采用 ABC 分类法进行管理？

（5）物料出入库时是否需要对应到销售订单、生产订单或客户？

3. 库存（物料）的补充计划

（1）是否按照物料不同的分类有不同的安全库存？如果有，请详细说明制定安全库存的方法和考虑的因素。

（2）是否采用最大最小采购批量？

表 7-5　需求调研报告示例

一、采购现有流程描述

1. 目前采购业务使用用友 U8 系统。

2. 采购合同情况。

采购合同分为采购框架合同和单次采购合同。

（1）采购框架合同约定了采购物料的价目表。

（2）单次采购合同约定了采购物料的数量、单价、交期和付款条件等。

3. 采购供应商：采购供应商作为采购管理模块的基础数据，目前正在进行数据整合及去重工作，为下一步 NC 集中采购做准备。

4. 请购业务：需求公司有采购需求，将需求提交给某公司的集采公司，由其替代需求公司履行采购职责。

5. 采购价格：目前采购价格由集采公司进行管理。

6. 采购订单：目前规划采购流程为其他需求组织提需求，采购组织汇总需求后进行采购，其他需求组织直接收货，由采购组织与供应商结算货款。

7. 采购到货：目前用友 U8 系统无到货环节。

二、需求描述

1. 请购需求：集采公司的采购计划组相关人员负责物料的采购。

2. 采购价格维护：目前集采公司的成本管控组按物料分类进行职责划分，分管不同的物料类别。

3. 资产采购业务：资产采购业务需要从供应链发起采购流程。

4. 物料使用多计量单位。

5. 供应商的采购价格与送货地区有关，不同的送货地址对应不同的采购价格。

6. 采购入库时：到货和入库存在时间差，到货和入库可能不在同一时间。

7. 采购固定资产需要提供统计报表。

7.8 需求分析

需求分析是紧接着需求调研的一项重要工作。需求分析可以为系统解决方案提供依据，它是在需求调研的基础上，针对企业现有业务流程和管理活动中存在的问题，分析、总结归纳出企业管理改进的现实需求。需求分析包括需求和产品匹配分析、需求分析报告审核和确认需求分析报告三个环节。

需求和产品匹配分析需要实施顾问及时整理分析结果，如有疑问，可以与客户沟通确认。需求分析报告审核就是实施顾问将需求分析的过程和建议形成需求分析报告后，将其提交给项目经理审核。确认需求分析报告就是项目经理向客户提交最终的需求分析报告，并由客户对报告再次审核、纠错或补充，之后将其提交给客户方项目经理确认。

在需求分析报告中，需要将用户的业务需求分为两部分，即标准产品功能满足的需求和必须定制开发才能满足的需求。在需求调研报告的基础上，对企业关注的问题进行分析，划分等级。例如，A 是企业高层管理人员关注的非常重要的问题，B 是企业必须解决的重要问题，C 是一般问题。实施顾问需要分析产品现在可以解决企业哪个等级的问题。对于问题 A 和问题 B 必须做一个详细的分析，同时明确能解决到什么程度，企业能否接受解决结果。此外，用户方项目团队成员的充分参与也是必不可少的。经过关键用户标准产品培训后，用户方项目团队成员对所采购软件产品的总体思想和功能要素已经有了一定程度的了解，这样在需求分析中就可以合理规避一些不能实现的需求。同时，用户在学习 ERP 管理理念和 ERP 管理知识后，实施顾问可以充分说服用户改变一些习惯性的、不合理的业务管理需求。需求分析报告示例如表 7-6 所示。

表 7-6　需求分析报告示例

需求分析及管理建议
1. 请购需求：系统请购单维护时通过"物料订单类型设置"可以实现请购单指定不同的采购类型，通过"采购岗物料设置"可以实现物料不同类别由不同人员进行采购。 2. 采购价格维护：建议系统查询和维护不同分类的采购物料，系统不支持按人员隐藏物料分类。 3. 资产采购业务：建议固定资产采购流程为请购→采购订单→采购入库→转固定资产。 4. 物料使用多计量单位：建议物料档案启用多计量单位时，使用一个主计量和一个辅助计量。 5. 供应商价目表中使用"收货地区"维度可以实现不同的收货地址，采购价格不同的业务。 6. 建议到货与入库时间使用到货单进行管理。 7. 建议固定资产采购涉及的物料单独建立物料分类，便于报表统计。

7.9 未来流程设计

"先合理化，后信息化"是实施 ERP 倡导的一个基本原则。这里所说的"合理化"是指企业业务流程的合理化。企业的经营活动由许多流程构成，这些流程有的可视为单一的功能，由一个部门即可完成；但许多流程是跨多个部门的。ERP 系统就是要整合这些流程，缩短系统处理的前置时间，提高业务处理的效率，降低成本，增加信息的透明度，提高客户满意度。因此，ERP 实施的重点是流程效率而不是软件技术。一些企业的 ERP 系统上线后，许多问题不仅没有得到有效解决，而且更加复杂。这是因为，在 ERP 系统引入之前，一些企业的流程沿袭了"穿新鞋，走老路"的运作模式，使 ERP 系统的实施难以顺利进行。

未来流程就是在原有流程的基础上经过合理化和标准化的作业流程。未来流程设计的目的是合理化和标准化未来的作业流程。未来流程有效描述了 ERP 系统上线后的作业流程，流程输出的表单和报表清晰地展示了各项工作之间的关系。未来流程为后续 ERP 系统上线培训提供了相关培训资料，为项目双方提供了沟通工具，并为后续解决方案的制定提供了依据。

项目团队根据现状流程、表单、报表及上线系统模块对应的功能进行内部审核与分析，对未来的作业流程进行合理化和标准化设计。

1. 流程设计工作过程与策略

流程设计工作过程与策略如下。

（1）对流程现状进行诊断。确定未来流程需求，以及需要的表单和报表格式等；制作未来流程清单，并安排及分配制作计划，下发未来流程制作计划。

（2）制作未来流程图。由实施顾问指导客户或关键用户制作未来流程图。

（3）召开未来流程研讨会。项目经理组织召开未来流程研讨会，流程负责人必须参加。

（4）确认未来流程图。企业内部顾问按要求向各部门签署流程图和会签清单。项目经理对会签结果进行审核，确认是否需要企业高层管理人员会签。会签结束后，客户方项目经理按文档发行规定发布流程，并将流程文档的电子文件和签字文件编码归档。

2. 项目案例

表 7-7 是某企业的委外加工业务未来设计方案。

表 7-7 某企业的委外加工业务未来设计方案（部分）

一、流程图和流程说明

1. 流程图

（续表）

2. 流程说明

序号	部门及人员	输入单据	流程说明	输出单据	单据状态	处理方式
1	计划部门 / 计划员	委外请 购单	根据物料的需求录入委外请购单，并进行审批	—	审批	系统
2	采购中心 / 采购员	—	参照委外请购单，并结合价表生成委外订单	—	审批	系统
3	采购中心 / 采购员	—	在委外订单上生成备料计划，参考 BOM 信息，审批后发料，生成转库单，从原材料库转出到供应商对应的委外仓库	其他出库 单、其他 入库单	发料	系统
4	仓库 / 仓库 管理员	—	供应商加工完后送货，参照委外订单生成委托加工入库单	—	签字	系统
5	仓库 / 仓库 管理员	—	收货后进行委外材料的自动核销，即将供应商的委外仓库中的材料进行出库	—	签字	系统

二、产品配置、关键预配置参数

1. 产品配置

产品模块	菜单	节点
供应链	采购管理	委外请购单
	库存管理	备料计划
		转库单
		其他出库单
		其他入库单
		委托加工入库单
		委外材料出库
	委外加工	委外订单维护
		委外材料核销

2. 关键预配置参数

模块	选择	参数配置
基础数据	物料—集团	物料类型：委外件
	仓库	勾选委外仓库，并且绑定对应的供应商
	参数设置	委外订单默认价格
		按订单发料核销的默认核销规则：按订单实发

7.10 业务解决方案设计

如何清晰地描述需求实现的全过程？如何配置系统各模块的参数？如何设定系统公用参数？这些问题正是在业务解决方案设计环节中需要解决的。业务解决方案设计的目的是帮助企业在业务调研的基础上发现并确定存在的主要问题。通过对这些问题进行分析，找出问题产生的原因，设计出一套切实可行的业务解决方案。

业务解决方案设计的原则是：知己知彼是编写业务解决方案的基础；要充分考虑在企业需求分析阶段提出问题的合理性，是否符合业务优化、投入产出的原则，以及是否具有行业普遍性；尽量说服客户放弃不合理的需求；尽量避免客户化开发。其中一个重要的原则是，业务解决方案设计不仅要考虑解决客户的业务问题，而且要确保业务处理的效率一般不会降低。

设计业务解决方案时需要注意的事项如下。

（1）业务解决方案的可行性。业务解决方案的整体设计要满足企业业务发展的需要，不能过于理想化。同时，还要考虑实际的工作效率及人力成本是否增加，以及增加量是否超过客户的容忍度。

（2）业务解决方案的全面性。ERP系统需要解决整个业务流程的优化。当实施顾问分析和考虑这个问题时，必须综合考虑客户的相关业务和数据接口，不能从单个模块的角度设计业务解决方案。但是，大而全的理念也不符合实际，一次性解决企业多年积累的所有问题是不现实的。因此，实施顾问必须解决企业非常关心的关键问题。

（3）实施顾问要站在专家的角度和高度看待问题，不要轻易屈服于客户不合理的需求。向客户解释业务解决方案的过程，就是说服客户按照实施方设计的思路去实施。如果实施顾问不能用充分的理由说服客户，那么将"践踏"自己的产品，导致项目失败。

（4）在设计业务解决方案时要避免被客户"牵着鼻子走"。各部门之间的关系也是需要考虑的重点。如有必要，实施顾问应得到客户方高层管理人员的确认，避免出现各部门意见不统一的情况。

（5）在设计业务解决方案时，实施顾问必须考虑方案对企业现有业务的影响、企业的承受能力，以及企业高层管理人员对方案的认可程度。

习题

一、概念解释

请对以下概念做出正确解释：业务蓝图、业务蓝图设计、流程梳理、需求分析、未来流程。

二、选择题

1. 业务解决方案设计主要依据（　　　）。

A. 需求分析　　B. 流程设计　　C. 高层访谈　　D. 产品功能

2. 产品安装及培训对象主要是（　　　）。

A. 实施顾问　　B. 关键用户　　C. 客户方系统管理员　　D. 实施方系统管理员

3. 流程梳理的目的是（　　　）。

A. 使客户流程体系结构化、有序化

B. 建立适用于客户各级管理层的流程视图

C. 帮助各部门按照统一的规范绘制流程图

D. 以上都不是

4. 对关键用户进行标准产品培训将（　　　）。

A. 减少沟通成本　　　　B. 阻碍后期实施工作

C. 延长项目周期　　　　D. 引起用户对系统功能的疑问

5. 业务调研策略采用"总—分—总"形式，是指（　　　）。

A. 先总体规划，再分步调研，最后总结整理业务调研报告

B. 先整体业务了解，再部门业务调研，最后整合业务调研报告

C. 先整体业务了解，再部门业务调研，最后总结整理业务调研报告

D. 先总体规划，再部门业务调研，最后整合业务调研报告

6. 对企业所关注问题等级进行分析时，非常重要的问题是指（　　　）。

A. 必须解决的问题　　B. 企业高层管理人员关注的问题

C. 一般问题　　　　　D. 以上都不是

三、简答题

1. 业务蓝图设计的依据是什么？

2. 系统运行环境规划与部署的目的是什么？

3. 产品安装由谁负责？

4. 高层访谈的目的是什么？

5. 流程梳理的目的是什么？

6. 关键用户标准产品培训的目的是什么？

7. 需求调研的目的是什么？

8. 需求分析的目的和任务是什么？

9. 业务解决方案设计的原则是什么？

四、案例分析题

A 公司是一家跨国企业，为全球不干胶标签材料的领先供应商。A 公司的竞争优势主要体现为快速的交货服务、稳定的质量、较低的综合成本和各种特殊的客户化需求的满足。其中，快速的交货服务是 A 公司所关注的首要服务目标。A 公司的交货服务率主要有两个衡量指标，即 24 小时以内服务率和 48 小时以内服务率。其中，24 小时以内服务率是指接到客户订单后 24 小时内，将客户需求的产品交付给客户的比例；48 小时以内服务率是指接到客户订单后 48 小时内，将产品交付给客户的比例。过去一年中，A 公司的 24 小时内交货率为 83%，48 小时内交货率为 95%，这两个指标在行业内均属于领先水平。为保持该竞争优势，A 公司仍不断提升这两个指标。为促进公司管理水平的提高，A 公司选用 QAD 公司的 MFG/PRO 软件作为公司的 ERP 标准软件，以某分公司的业务流程规则作为基础，根据各国的业务特殊需求进行客户化程序开发。

考虑与绩效直接相关的流程是订单接收处理与发货流程，因此，项目团队重点绘制与发货和效率有关的现有订单接收处理与发货流程（见图 7-2）。经分析、讨论后，项目团队对现有流程进行优化与改进，得到新的订单接收处理与发货流程（见图 7-3）。最后，项目团队通过二次开发实现了新流程的运行。

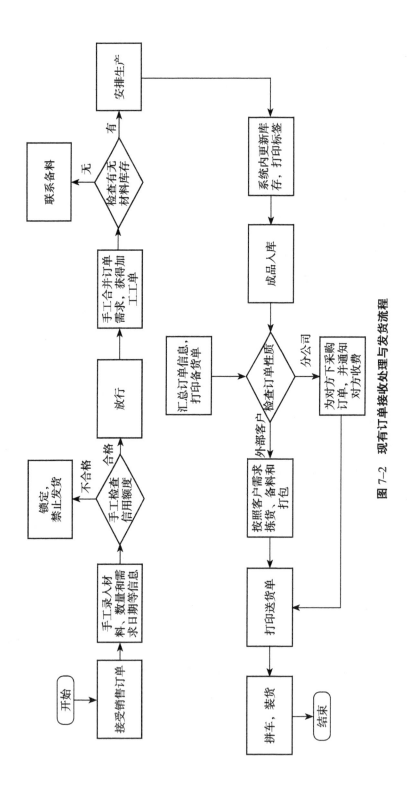

图 7-2 现有订单接收处理与发货流程

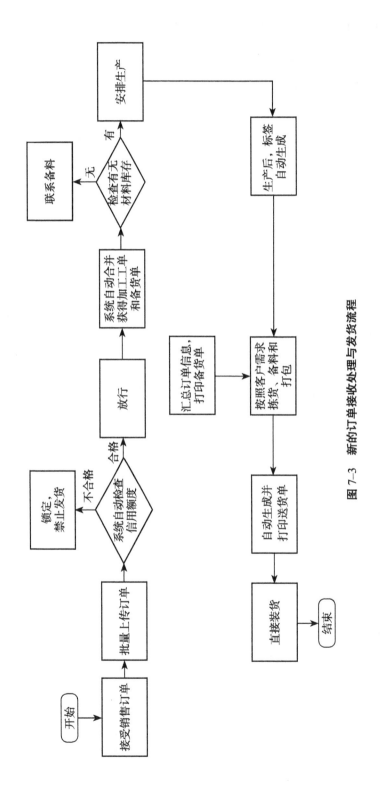

图 7-3 新的订单接收处理与发货流程

根据上述资料回答以下问题。

1. A 公司的竞争优势主要体现在哪些方面?

2. 根据图 7-2 分析原有订单接收处理与发货流程中存在的影响发货服务率的因素有哪些?

3. 根据图 7-3 分析新的订单接收处理与发货流程中做了哪些改进?

第8章

系统建设

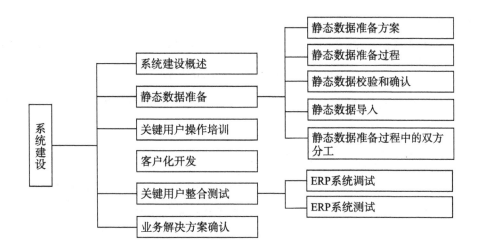
学习目标

1. 了解系统建设阶段需要完成的主要任务和最终交付物。

2. 了解静态数据概念和静态数据准备过程。

3. 了解关键用户操作培训的重要意义。

4. 了解客户化开发过程中的注意事项。

5. 了解 ERP 系统测试的目的。

6. 了解业务解决方案确认的重要意义和工作过程。

引例

G 公司 ERP 项目采购管理模块测试方案

G 公司 ERP 项目系统建设阶段的一个重要工作就是系统转换前的系统测试工作。项目团队首先根据项目特点制定了系统测试的原则和要求，然后设计了各模块的测试方案。具体的测试要求如下。

（1）根据系统、子系统和模块的结构层次进行划分，对功能模块进行测试，找到各模块内部可能存在的各种差错。

（2）检查功能模块是否针对预见的错误设计了较完善的错误处理功能，以保证其逻辑上的正确性。

（3）在把各模块连接起来进行集成测试时，检查是否有穿越模块接口的数据丢失。

（4）检查一个模块的功能是否会对另一个模块的功能产生不利影响。

（5）将各子功能组合起来进行测试，检查是否能达到预期的功能要求。

（6）检查全局数据结构是否有问题。

采购管理模块主要涉及采购计划、采购订单、采购收货、采购验收和采购入库等功能的测试。其中，采购订单的测试内容包括采购订单查看页签、采购订单的新增保存操作、采购订单查看按钮、采购订单修改按钮和采购订单取消按钮。采购订单的新增保存功能的测试方案如表 8-1 所示。

表 8-1 采购订单的新增保存功能的测试方案

1. 测试用例 （1）测试用例名：采购订单的新增保存测试。 （2）测试用例标识号：2.2.2。 （3）测试用例的测试目标：测试采购订单的新增保存功能。 （4）测试用例的详细描述：确保保存后能正常生成单据。 （5）前提条件：存在供货单位信息；存在商品信息。 2. 测试过程 （1）单击菜单项，进入采购订单功能页面。 （2）单击新增按钮，进入采购的新增页面。 （3）选择供货单位及商品信息，填写预计到货日期。 （4）填写数量、单价、单行折扣、整单折扣和整单优惠。

（续表）

（5）选择税率。如果该商品已经有过入库操作，那么系统会自动带出最近一次的入库单价和税率。 （6）填写配货和结算页签内的内容。 （7）检查数据是否正确，单击保存按钮。 3. 预期输出 采购订单能正常保存成功。单据变为待收货状态。 测试人：　　　　　　　　　　　　　　　　　　测试时间：　　年　月　日

☰ 问题

1. ERP 系统是按照什么步骤进行系统测试的？

2. 采购管理测试方案采用的是什么测试方法？

3. 采购管理模块主要涉及哪些功能测试？

8.1　系统建设概述

系统建设是 ERP 系统实施过程中不可缺少的环节。这一阶段的主要工作任务如下。

（1）根据蓝图设计方案初稿制定静态数据准备方案和准备计划。

（2）当系统应用较复杂时，在测试之前需要对关键用户进行操作培训。

（3）项目团队进行客户化代码的开发和测试。

（4）关键用户根据蓝图设计方案初稿准备业务模拟测试数据，制定业务模拟测试方案。

（5）指导关键用户根据业务模拟测试方案和测试数据进行业务模拟测试，保证制定的流程是合理的、可行的，并保障 ERP 系统上线的稳定性。测试过程中同时指导关键用户编写最终用户操作手册，并根据业务模块测试报告修订与完善业务解决方案。

（6）对修订与完善后的业务解决方案进行确认。

8.2 静态数据准备

静态数据是指在系统应用中一般不随着时间变化而变化的数据，如会计科目、存货档案、客户档案、供应商档案、产品结构和工艺流程等。

ERP系统实施工作中经常会说到"数据为王"，这表明了数据质量的重要性。在ERP系统实施过程中，静态数据的准备、整理、测试、完善及确认等是影响ERP系统上线成功和上线后稳定性的重要因素。

这一阶段的主要工作任务如下。

（1）制定静态数据准备方案，包括两个附件——静态数据准备表单和静态数据准备计划。实施方和客户方对静态数据准备方案及两个附件进行讨论和确认。

（2）安排静态数据准备任务，并建立静态数据文档。

（3）静态数据校验和确认：需要在静态数据准备方案中明确数据校验规则及数据导入系统的方式；落实纠正措施，并最终确认正确的静态数据；对静态数据进行备份和存档。

8.2.1 静态数据准备方案

1. 制定静态数据准备方案时的关键活动

制定静态数据准备方案时的关键活动如下。

（1）说明静态数据来源，即静态数据来自哪个部门、应该如何获取。

（2）分析、讨论静态数据的数据项、格式要求、编码原则及质量要求等。

（3）明确关键字段的意义，并进行说明。

（4）明确静态数据准备人员的要求、完成时间及具体负责人。

（5）根据项目情况明确静态数据的检查方法、检查内容、检查方式及检查时间等。如果需要使用计算机对静态数据进行检查，那么需要明确编写检查语句的责任人，并制订检查语句的编写时间计划和语句测试计划。

（6）提前确定静态数据导入系统的方式（手工录入还是计算机导入）。如果采用手工录入方式，那么需要估算录入数据的工作量、录入人员的选择、录入后系统内数据的校验；如果采用计算机导入方式，那么需要明确采用的导入工具或开发工具的责任人、导入方案。

（7）制订静态数据准备计划，明确各种静态数据的具体准备人员和时间进度安排。

（8）准备静态数据准备表单，提供需要准备的详细数据档案清单及内容等。

2. 对静态数据准备方案及两个附件进行讨论和确认

实施方和客户方需要对静态数据准备方案及两个附件进行讨论和确认，具体内容如下。

（1）静态数据的编码方案。

（2）客户方静态数据准备的具体负责人。

（3）静态数据准备计划。

（4）静态数据检查负责人。

（5）静态数据转换方式。

表 8-2 为静态数据准备方案示例。

表 8-2　静态数据准备方案示例

第 1 章　静态数据概述
1.1 静态数据 （1）静态数据的定义。 （2）静态数据准备的特点。 （3）静态数据的重要性。 　　静态数据是指在系统应用中一般不随着时间变化而变化的数据，如会计科目、存货档案、客户档案、供应商档案、产品结构和工艺流程等。在整个 ERP 项目实施过程中，静态数据的准备、整理、测试、完善及确认等相关工作需要花费较长的时间和耗费较大的精力去完成。静态数据的准备进度与质量直接影响着 ERP 系统的上线进度和 ERP 项目的质量。 1.2 静态数据来源 （1）静态数据的来源。 （2）影响准备静态数据的主要问题。 　　静态数据分散存在于企业的多个部门，如会计科目的数据在财务部、客户档案在销售部、供应商档案在采购部、产品结构在技术部和生产部等。静态数据的准备需要各部门的配合。

（续表）

第2章　静态数据的编码原则和编码规则

2.1 静态数据编码原则

（1）静态数据编码的意义。

（2）静态数据编码的基本原则。

ERP系统对静态数据的识别和处理需要通过一种具有唯一性的代号进行，这便是编码。编码作为准确、快速、有效的数据输入，在ERP系统管理上显示出了极大的威力。

数据编码应该遵循简单原则。因此，如果没有很好的理由，不要把资料的属性含义放到编码中。

2.2 静态数据编码规则

1. 仓库编码规则

公司共有40多个仓库，本地、外地均有，并且由物资处和销售处分别管理。建议编码为5位，其中第1位为部门，第2位为地域属性，后3位为流水号。仓库编码规则如下图所示。

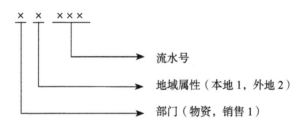

图　仓库编码规则

2. 料品编码规则

（1）对于成品料品，建议编码为9位，其中第1位是大分类号，固定为0；第2位是小分类号，如泵是1，阀是2，油缸是3；第3~5位是系列号，最后4位是流水号。料品编码规则如下图所示。

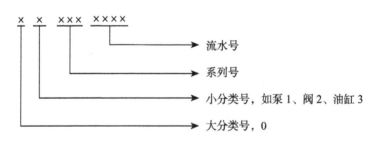

图　成品料品编码规则

（2）对于现有库存料品，建议编码为9位，其中第1位是大分类号，第2~4位是小分类号，后5位是流水号。现有库存料品编码规则如下图所示。

（续表）

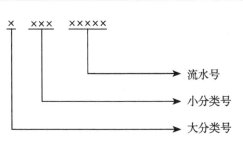

图　现有库存料品编码规则

（3）对于现在不入库的制造件的料品，建议编码为9位，其中第1位是大分类号，第2~4位是小分类号，后5位是流水号。现在不入库的制造件的物品编码规则如下图所示。

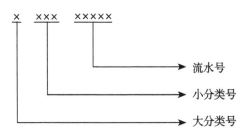

图　现在不入库的制造件的料品编码规则

3. 客户编码规则

客户编码规则如下图所示。

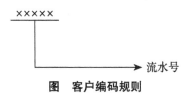

图　客户编码规则

4. 供应商与委外商编码规则

由于供应商与委外商编码不能相同，因此编码采用5位，其中第1位是区分号，后4位是顺序号。供应商与委外商编码规则如下图所示。

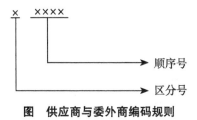

图　供应商与委外商编码规则

（续表）

5. 部门编码规则

部门编码可以依据ISO 9000体系文件进行。其中，0000为总公司、0010为销售处、0020为财务处、0030为生产处、0040为物资处、0050为供应处、0060为总师办。

6. 员工编码规则

这里所说的员工包括将来所有在计算机上操作的人员。员工编码规则如下图所示。

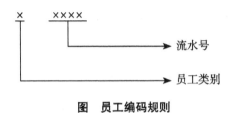

图　员工编码规则

第3章　静态数据的格式和质量

3.1 静态数据的格式

（1）采用规定格式的重要性。

（2）数据格式的具体内容参见静态数据准备表单（略），如果使用用友公司的快速导入工具，那么务必按照导入工具模板格式整理。

3.2 静态数据的质量

ERP系统是管理数据处理系统，数据质量的好坏直接影响系统的运行效果。

第4章　关键字段及说明

（1）关键字段的具体说明参见静态数据准备表单（略）。

（2）关键字段的具体内容参见静态数据准备表单（略）。

关键字段是对系统运行质量有直接影响的字段，需要重点关注这些字段静态数据准备的质量。提前向静态数据准备人员说明这些字段的含义和系统使用原理，有利于提高数据准备的质量。例如，客户档案中的"地区"字段会对销售分析中的地区统计产生影响。

第5章　静态数据准备的要求

（1）静态数据准备的负责人和内容分配。

（2）静态数据准备的人员要求。

（3）静态数据准备的时间。

由于静态数据的重要性，参与静态数据准备的人员应熟悉业务，认真仔细，具有高度的负责精神。全部静态数据的准备时间为2002年11月11日至2003年1月3日。

第6章　静态数据的检查

（1）静态数据检查的负责人。

（2）静态数据检查的时间安排。

（3）静态数据检查的方式、方法和内容。

静态数据准备进度和质量的控制对整个项目质量而言非常重要。同时，静态数据准备的工作量决定了准备周期的长短，一旦返工，将对项目进度、项目成本造成巨大影响。因此，静态数据的检查对项目的进度控制和质量控制具有重要意义。

（续表）

静态数据检查由静态数据检查小组负责，客户方项目经理方××担任小组组长。方××主要负责检查活动的时间和人员安排，并对检查结果负责。

静态数据的检查建议每周两次，分别为周三13：00~16：00和周五13：00~16：00，并于次日上午提交检查结果。

静态数据检查的方式分为全检和抽检，对关键数据需要进行全检，对大量而相对次要的数据可以视情况采用抽检方式，以提高检查效率。

静态数据检查的内容包括数据的准确性、数据间的逻辑关系和数据要求。

静态数据检查的方法一般为手工核对。在对大量数据进行格式检查时，可以使用检查工具，以提高检查效率。

第7章 静态数据的导入

（1）静态数据导入方式的选择。

（2）静态数据导入的时间安排。

（3）静态数据导入工具。

静态数据的导入将在系统切换阶段进行。

料品基本档案和产品结构的导入工具由用友公司提供。双方项目团队将于2003年1月5日至10日对导入工具进行测试。

需要说明的是，静态数据导入系统的方式有两种，一种是手工录入，另一种是计算机导入，这两种方式各有利弊。手工录入是通过系统界面录入数据，经过程序检核，后台数据库不会发生表单逻辑错误，但录入速度慢，内容容易发生错误；计算机导入速度快，内容不会发生错误，但如果导入工具不可靠，那么后台数据库可能会发生表单逻辑错误，这种错误一般难以发现，但在系统运行后可能造成严重错误。

8.2.2　静态数据准备过程

因为静态数据准备的工作量较大，所以在静态数据准备方案确定后就应着手准备。

静态数据准备一般采用Excel格式的静态数据准备表单，每个表页代表一项基础数据档案，列出所需字段和注意事项，要求客户按照此格式进行整理，便于管理和核对。

在静态数据准备过程中，一定要保证相关责任人对静态数据中字段含义的正确理解。为了避免客户对数据字段理解有误，导致大量重复工作，实施方的实施顾问最好针对每一个基础数据文档都提供一两个典型数据样例，并给客户进行详细的讲解。

8.2.3　静态数据校验和确认

静态数据校验就是对静态数据的准确性进行核实。该工作在静态数据准备过程中必须要有，并且每种静态数据应该只由一个人或专门几个人负责校验。在静态数据准备完成后，项目经理需要再安排一次数据核对工作，可以指定一位关键用户或亲自进行核对。如果条件允许，可以由相应的业务或技术权威人士对准备的静态数据进行核对。这一阶段的主要工作任务如下。

（1）制作数据校验工具。数据校验工具的制作和测试必须在静态数据检查开始前完成，否则可能影响数据准备的进度和质量。

（2）进行静态数据校验，并编写静态数据校验报告。数据校验负责人负责编写静态数据校验报告，需要描述和分析静态数据校验的结果，并针对静态数据准备过程中存在的问题提出相应的纠正措施。

（3）落实纠正措施。

（4）确认合格的静态数据。

8.2.4 静态数据导入

对于数据量较大的静态数据，建议根据实际情况使用导入工具将其导入系统。数据导入程序应先进行测试，以确保数据导入的准确性。

8.2.5 静态数据准备过程中的双方分工

在静态数据准备过程中，实施方主要对静态数据准备的进度和质量进行跟踪、控制，客户方主要对静态数据进行检查和确认。由于参与静态数据准备的人员并非客户方项目团队成员，他们对数据的理解参差不齐，因此在静态数据准备初期，实施方需要严格跟踪、控制静态数据的质量。在项目实施过程中，实施方和客户方的具体分工如下。

（1）客户方对原始数据的真实性和准确性负责。客户方需要对原始数据进行清理和整理，并将其转化为静态数据准备表单的数据标准文件格式。

（2）对于外围系统或老系统数据的提取与导出，由客户方按照静态数据准备表单的数据标准文件格式样板提供。

（3）实施方实施顾问和客户方技术人员进行数据整合。

（4）实施方实施顾问指导关键用户编写静态数据编码规则。

（5）客户方关键用户负责对导入 ERP 系统后的静态数据进行检查和确认。

8.3　关键用户操作培训

针对系统的标准功能应用、业务场景应用与行业管理应用，实施方实施顾问对客户方关键用户进行操作培训，并进行培训考核。在培训前，实施方实施顾问需要整理培训教材，其中包括学员手册和培训课件。在培训中，客户方与实施方的权利和义务如下。

1. 客户方的权利和义务

客户方的权利和义务如下。

（1）对于实施方提供的培训服务，客户方要做好培训时间安排。某客户 NC 集中财务项目培训计划表示例如表 8-3 所示。

表 8-3　某客户 NC 集中财务项目培训计划表示例

序号	课程	培训内容	日期	时间
1	客户化	NC 登录、参数设置、基本档案和权限分配	12 月 18 日	9：00~10：00
	讨论会计科目	会计科目讨论		10：00~12：00
2	总账	期初余额录入、期初建账、凭证管理、自定义转账和账簿查询	12 月 18 日	13：00~15：30
		总账上机练习		15：30~17：00
3	固定资产	固定资产增加、折旧计提和变动减少	12 月 19 日	9：00~10：00
		固定资产上机练习		10：00~10：30
4	IUFO 报表	IUFO 报表设计与计算		10：30~12：00
5	答疑	关键用户业务咨询与答疑	12 月 19 日	13：00~16：00
6	培训考核	关键用户业务考核		16：00~17：00

（2）客户方关键用户须准时参加培训，并认真学习实施方实施顾问教授的内容，同

时完成培训考核。

2. 实施方的权利和义务

实施方的权利和义务如下。

（1）实施顾问应按时、保质、保量地完成对客户方关键用户的操作培训。

（2）在培训前，实施顾问向客户方关键用户提供学员手册。

（3）培训结束后，实施顾问须对客户方关键用户进行考核，并做好考核记录。某项目培训考核记录如表8-4所示。

（4）培训结束后，实施顾问须编写培训总结报告。某项目培训总结报告如表8-5所示。

表8-4　某项目培训考核记录

第1章 考核事项说明
（1）考试时间：下午2：00~4：00。 （2）考核方式：笔试和计算机操作。 （3）合格标准：总分在××分以上。 （4）评估人姓名：×××、×××。
第2章 培训考核记录表
关键用户业务培训考核记录表如下表所示。

表　关键用户业务培训考核记录表

年　　月　　日

序号	姓名	笔试（30%）	计算机操作 （70%）	总分	考核结果
1					
2					
3					

表8-5　某项目培训总结报告

1.培训总体说明 （1）本次培训的性质或目的。 （2）本次培训的时间和地点。 （3）本次培训的角色，应该参加的人数，实际参加的人数。 （4）培训课程说明。 （5）培训讲师介绍。

（续表）

2.考试总体说明 （1）试题说明：包括题型、考试时间等。 （2）考试人员说明：包括应到××人，实到××人，缺考××人。 （3）监考人员说明：包括主监考老师和辅监考老师。 （4）考试形式说明：是否开卷等。 　3.考核情况说明 （1）实际参加考试的人数。 （2）考试合格人数，考试合格比例为××%。 （3）考试不合格人数，考试不合格原因说明。 　4.评定意见 （1）经过综合考虑，本次考试总分在××分（含××分）以上的学员为考试合格，可以从事相关工作。 （2）本次考试总分在××分以下的学员需要参加补考，经考试合格后才能从事相关工作。

8.4　客户化开发

客户化是指根据客户的个性化需求为其提供基于产品的增值服务。对软件服务商来说，客户化开发服务就是利用先进的技术平台与工具，遵照规范的客户化开发管理流程，帮助客户实现其需求个性化、管理规范化的愿望。客户化开发需求一般来自两个方面：一是软件产品是商品化软件，属于行业通用型软件，但每家企业有其自身的特点，既要吸纳管理软件中的先进管理思想，也要保持企业的特色，因此需要对原来的软件进行客户化的修改；二是随着项目的实施，客户对信息系统有了更深入的了解，应用不断深入，对信息系统产品会提出更多的要求。

如果客户化开发方案受项目整体方案的影响，那么客户化开发方案一般要在项目整体方案确定后再确定。确定客户化开发方案后，应立即开展客户化开发工作。

这一阶段的主要工作任务如下。

（1）客户化开发需求调研。

（2）客户化开发需求讨论。

（3）客户化开发方案设计。

（4）客户化开发方案确认。

（5）实施方项目经理制订客户化开发计划。

（6）客户化开发商务谈判。

（7）实施方项目经理负责组织客户化开发人员进行开发，并负责质量控制等工作。

（8）实施方实施顾问和客户方关键用户协助客户化开发人员进行测试数据准备和单元测试。

（9）客户根据业务模拟测试方法对客户化软件进行集成测试。

（10）客户化开发产品交付验收。

8.5 关键用户整合测试

8.5.1 ERP系统调试

ERP 系统调试可以分为模块调试、子系统调试和系统调试。

（1）模块调试也称单调，就是根据各模块的功能说明检验模块是否有错误，主要是调试其内部功能。

（2）子系统调试也称分调，是指在模块测试的基础上解决各模块之间相互调用的问题，主要是调试各模块的外部功能，以及各模块之间的接口和调用关系。

（3）系统调试也称总调，又称联调，是指在所有子系统经调试准确无误后即可进行系统总调。它主要解决各子系统之间的数据通信和数据共享问题。系统联调通过后，即可投入转换和试运行。

8.5.2　ERP系统测试

ERP系统测试的目标是在精心控制的环境下执行程序，以发现程序中的错误，给出程序可靠性的鉴定。

ERP系统测试通常采用功能测试法。功能测试就是根据产品设计规格说明书对产品的各种功能进行验证，根据功能测试用例逐项测试，以验证ERP系统是否满足用户的功能性需求。

关键用户整合测试即ERP系统测试，是对业务解决方案验证的过程。ERP系统测试通过模拟客户真实的业务环境，可以对ERP系统上线后的使用情况进行预测。ERP系统测试内容包括软件的正确性、容错性和易用性，要尽可能全面地模拟真实的生产系统，发现有可能发生的错误后及时修改错误，同时对发现的业务解决方案中不妥的地方也要做出调整。

8.6　业务解决方案确认

经过关键用户整合测试后，接下来需要将业务解决方案的主要内容向客户方相关人员进行汇报，让客户方对该方案进行确认。

这一阶段的主要工作任务如下。

（1）实施方项目经理向客户方项目团队讲解业务解决方案。

（2）督促客户方项目经理进行业务解决方案确认。

（3）对于遗留问题，给企业一个答复时间表。尽快对业务解决方案中的遗留问题进行处理，加快实施进度，增强企业项目实施的信心和决心。

 习题

一、概念解释

请对以下概念做出正确解释：静态数据、关键字段、客户化、功能测试、整合测试。

二、选择题

1.下面不属于静态数据的是（　　）。

A. 会计科目　　　　B. 存货档案　　　　C. 产品结构　　　　D. 库存数据

2. 客户化开发一般（　　）。

A. 在系统实施的最后阶段开始　　　　B. 在提交业务解决方案后开始

C. 在业务模拟测试后开始　　　　　　D. 在项目上线后开始

3.ERP 系统测试通常采用（　　）。

A. 抽查测试法　　　B. 功能测试法　　　C. 白盒测试法　　　D. 人工测试法

三、简答题

1. 静态数据主要来自哪里？

2. 静态数据准备过程中，实施方和客户方是如何分工的？

3. 关键用户操作培训的内容主要有哪些？

4. 客户化开发的成因是什么？

5. ERP 系统调试可以分为哪几种？

四、案例分析题

一般的 SAP 系统，其总账科目余额没有供应商和客户。如果要查询某供应商的应付账款，只能到应付模块查询，但在应付模块查询时，只能查询到具体的某个供应商，而无法查询到具体的总账科目。

考虑到以上因素，建议以后所有的 SAP 项目默认在总账中增加两个客户化字段（见表 8-6）。

表 8-6　总账中增加的两个客户化字段

ZZCustomer	附加_客户编号	往来单位 16 位
ZZVendor	附加_供应商编号	往来单位 16 位

新建字段配置步骤如下。

（1）选择财务会计→财务会计全局设置→分类账→字段→客户字段→编辑编码块。

（2）单击"添加字段"按钮后，进入"添加字段"页面（见图 8-1），在该页面中输入表 8-6 中设计好的两个客户化字段。

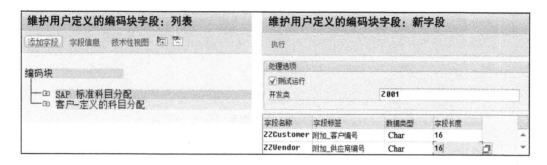

图 8-1 "添加字段"页面

首先执行测试运行，没有问题后再进行下一步。当出现警告信息时，直接继续。此时如果用户不是开发人员，那么需要到 SAP 网站注册。注册完成后，可以在图 8-2 所示的页面中查看已创建好的客户化字段。

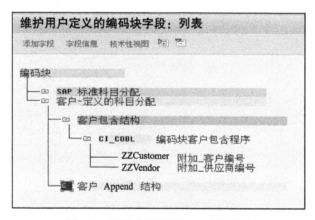

图 8-2 新建字段配置完成后的界面

根据上述材料回答以下问题。

1. SAP 为什么要设置客户化自定义字段？

2. 使用 SAP 自定义字段功能需要具备什么权限？

3. 增加客户和供应商两个字段的意义是什么？

第9章

上线切换

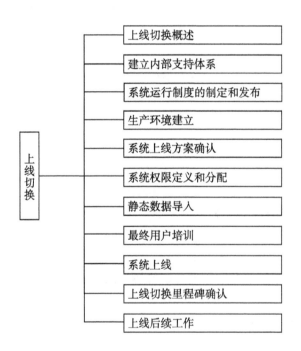
学习目标

1. 了解上线切换过程中需要完成的目标任务。

2. 了解建立内部支持体系的重要意义和工作任务。

3. 了解建立生产环境的策略和需要注意的事项。

4. 了解系统上线的策略和目标任务。

5. 了解系统权限定义和分配的重要意义与工作任务。

6. 了解静态数据导入的策略和目标任务。

7. 了解最终用户培训的策略和目标任务。

8. 了解系统上线的过程、策略和目标任务。

9. 了解上线切换里程碑确认的工作策略和工作任务。

引例

某公司的 ERP 系统切换方案

张某是 ERP 财务顾问，他目前正在实施的项目包括财务、销售、库存、采购和生产模块。7 月 1 日，项目经理组织召开项目组会议，讨论 ERP 系统切换方案。会上，明确了以下几个决定：以 8 月 1 日作为本次切换点；所有模块同时切换；鉴于客户的强烈要求，新老系统需要在第一个月并行运行。项目经理要求张某会后准备一份详细的 ERP 系统切换计划。

下面是与销售相关联的 ERP 系统切换计划。

一、期初数据

张某计划从准备期初数据着手。首先，他需要注意以下几点。

（1）新系统的期初数据必须与老系统的期初数据完全一致。

（2）新系统的库存必须账实相符。

（3）7 月 31 日仍在执行中的销售订单需要作为期初销售订单录入系统。

图 9-1 是从老系统切换成新系统的业务解决方案。图中，左上角是 7 月 31 日未完成的销售订单。如果某笔销售订单部分发货，那么在 7 月 31 日的期末库存中将不包括已经发货的产品。需要在 7 月 31 日进行一次完整的库存盘点，然后根据库存盘点结果更新老系统的存货和其他相关科目。图中标记① 的箭头表示该过程。

对于集成的 ERP 系统，不同科目的期初余额录入不同的模块，然后系统自动更新到 ERP 总账模块中。本例中涉及 ERP 库存管理模块、ERP 应收账款模块和 ERP 总账模块。图中标记② 的箭头表示自动更新总账。由于是分模块的输入，因此需要专门设置

"系统切换过渡科目"作为所有科目输入时的对方科目。本期期初数据全部录入完毕后，该科目的余额应该结平。

当老系统7月31日期末结账完成后，根据盘点清单和商品价格，将存货的期初余额导入新系统的ERP库存管理模块。同时，将应收账款的明细科目（明细到未付发票或预付款）导入ERP应收账款模块。图中标记③的箭头表示该过程。由于老系统的库存数据已经根据实际库存进行了调整，因此新系统的ERP库存管理模块需要注意账实相符（图中的虚线）。

需要注意的是，7月31日未完成的销售订单也应该导入新系统的ERP销售模块，只是不能导入整张订单，而是要扣除7月31日之前已经发货的部分。

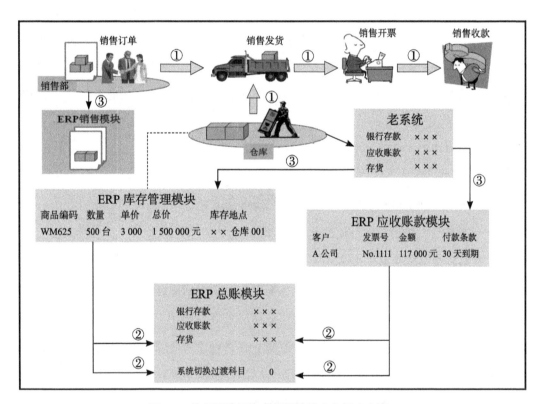

图 9-1 从老系统切换成新系统的业务解决方案

二、系统切换计划

图9-2是张某设计的ERP系统切换计划。计划7月20日之前将库存地点和商品主数据录入ERP系统。7月30日，也就是系统切换前盘点的前一天，盘点计划及盘点表格必须已准确下发。7月31日，该公司停产一天，进行正式盘点。8月1日，盘点结束后，财务人员对盘点结果进行汇总，并开始7月的老系统月末结账。月末结账预计耗费15天。8月15日，老系统月末结账完毕。随后，信息技术部和财务部用2天时间将老系统的期初数据整理转化成符合ERP系统导入的格式。这项工作将在8月17日完成，然后用3天时间将初始数据批量录入ERP系统。这时已经是8月20日了。

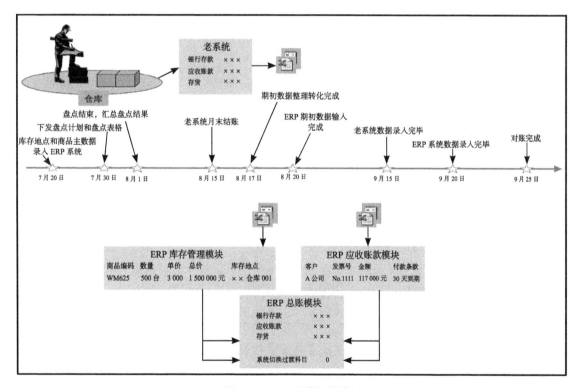

图9-2 ERP系统切换计划

8月是系统切换的第一个月，新老系统必须并行运行。因此，财务部自8月1日起继续在老系统中处理业务。老系统在9月15日完成8月的月末结账，与7月的结账时间相同。同时，自8月20日起，各部门开始在新系统中处理8月的业务。到9月20日，新系统在8月也结账完毕，之后用5天时间完成新老系统的对账。9月25日，系统切换工作将全部完成。张某的 ERP 系统切换计划顺利通过了项目组的审定。

问题

1. 张某的 ERP 系统切换计划采用的是什么方式？新老系统并行运行了多长时间？

2. 如果在系统切换过程中库存盘点出现库存账实不符的情况，而且账实不符的比例几乎占了总库存的 20%，此时从财务角度来看，不能全部盘盈或盘亏，只能挂账，那么在 ERP 系统中应如何处理呢？

3. 在系统切换过程中，本来有些配置和主数据的更改应该按照流程解决，但是由于关键用户和最终用户的训练不足，现在都直接反映到了顾问处。一边支持用户，一边更改配置，张某和同事的工作已经超负荷。那么，他们应如何避免这种情况发生呢？

9.1　上线切换概述

上线切换代表着 ERP 系统将从测试环境切换至正式环境。为了确保上线稳定，在上线前一般不会出现较大的数据变更或流程调整，即使有新的需求也会放在上线后进行调整。

ERP 系统切换通常有三种方式：直接切换、并行切换和分段切换。

（1）直接切换是指老系统停止运行后，新系统立即投入运行，老系统直接被新系统取代。由于新系统没有试运行过，也没有真正承担起实际工作，因此在系统切换过程中很可能出现各种问题。这种切换方式不适用于某些重要的大型系统。

（2）并行切换是指新系统和老系统在一段时间内并行工作。经过一段时间的试运行，老系统将被新系统取代。新老系统并行运行的时间视业务内容和系统运行状况而定，直到新系统运行正常后才能终止老系统运行。并行切换提供了一个新老系统运行结果进行比较的机会，可以对新老系统的时间要求、出错次数等进行公正的评价。

（3）分段切换方式是上述两种方式的结合。其特点是新系统分阶段、逐步交付使用，这样既可以避免上述两种方式的不足，也可以减少切换成本。分阶段切换方式的最大问题是接口的增加。当老系统的某些部分切换到新系统时，其他部分仍然由老系统完成，因此如何连接切换部分和非切换部分就成了需要重点关注的问题。

这一阶段的主要工作任务如下。

（1）切换前准备：完成切换前对应的软硬件等准备工作，如网络环境、服务器、代码和数据库等相关工作排查。

（2）切换对应文档确认：根据该阶段的任务，分别确认对应文档，如培训报告、上线方案和基础资料确认表等。

（3）正式上线切换：准备工作确认无误后，ERP 系统正式投入使用。

（4）上线后的持续支持：持续跟踪 ERP 系统的上线情况。

9.2 建立内部支持体系

建立内部支持体系是为了保证 ERP 系统的稳定运行，用户操作问题得到快速解决，规范工作流程，明确责任。

1.目标任务与策略

这一阶段的主要工作任务是客户方内部先行确定后期 ERP 系统的维护团队，并由关键用户负责辅导和培训团队成员，建立内部支持体系，确认主负责人，同时梳理内部流程与规章制度。对大多数企业来说，在项目建设过程中，一般会有 1~2 位关键用户全程参与项目的实施，了解企业的业务和系统如何操作与运行，由他们和领导进行沟通，以建立内部支持体系。在这一阶段，需要参与的人员可以由关键用户和领导来决定。一方面是因为客户方内部决策人员和关键用户需要参与，另一方面是因为项目团队成员只能适当给出一部分建议。在人员过多的情况下，会造成阶段工作混乱，大量无关人员参与的情况发生，因此要尽可能在这一阶段控制内部人员数量。

2. 需要注意的事项

内部支持体系的建立时间不应过长，否则会影响项目上线的整体进度。内部支持体系制度中需要列明所有人员名单、联系方式及主要工作安排。内部支持系统人员通常从客户方关键用户中挑选，不仅要有熟悉业务的业务骨干，还要有熟悉系统、精通计算机知识的系统管理人员。内部支持人员应履行内部支持职责。内部支持人员一般要承担双重角色，既要处理日常业务，又要指导和规范其他最终用户的日常操作。

9.3 系统运行制度的制定和发布

为了规范各部门和人员的工作流程，保证 ERP 系统高效、稳定地运行，企业需要制定系统运行制度。系统运行制度主要包括两方面内容：一是技术方面的，如系统维护、数据备份和网络安全等；二是应用方面的，如操作员权限管理、操作规范、主数据、业务流程、报表格式和数据变更调整需要遵循的程序等。

系统运行制度一般由熟悉业务和 ERP 系统的人来制定，如客户方关键用户。

一般系统运行制度需要在 ERP 系统上线过程中不断更新，第一版制度的建立时间一般为 1~2 周，该制度理论上应覆盖大部分业务场景。

9.4 生产环境建立

当测试系统中的所有测试完成后，需要同步更新生产环境（可以对外提供服务的正式环境），用于正式上线切换。

1. 目标任务与策略

这一阶段的主要工作任务是建立 ERP 系统上线后投入使用的生产环境。建立生产环境可以采取两种方式：一种是在项目规划阶段同时建立两个环境，一个用于后期正式使用，另一个用于系统测试及相关开发测试；另一种是在测试环境建立完成后备份相同代码，关联原始数据库，作为后期正式环境使用。

以上两种方式各有利弊，前者可以保证系统代码的完整性和原始性，在系统遇到问题时可以用代码紧急备份；后者可以确保开发内容和补丁及时同步更新，系统代码较完整。

生产环境的建立一般由顾问团队负责。工作时间根据实际可供选择的方案有两种：一种方案是在系统规划阶段就直接部署正式环境代码，在上线前部署对应更新补丁及开发内容；另一种方案是在项目实施的各个阶段进行代码更新。

2. 需要注意的事项

建立生产环境时需要注意的事项如下。

（1）客户的软硬件平台是否存在问题风险，如系统平台的不适用性、软硬件系统环境的准备滞后等。因此，应充分考虑和研究各种不利情况，及时调整项目实施计划，准确安排实施人员投入的时间，避免不合理地加大成本和延长工期。

（2）客户的操作系统、数据库软件和网页浏览器等软件存在盗版风险。

（3）产品缺陷和客户环境不稳定造成数据丢失甚至系统崩溃风险。因此，需要提醒客户方系统管理员定期做好数据库和代码备份工作，加强网络安全管理。

9.5 系统上线方案确认

系统上线方案用于 ERP 系统上线前，确认相关事宜及职责分工，并提前预警 ERP 系统上线可能会遇到的风险和上线后的支持策略。

1. 目标任务与策略

系统上线方案的确认是 ERP 系统上线前必须完成的工作。系统上线方案用于告诉客户上线切换这段时间及上线后的任务规划和时间安排，这是客户非常关注的时间。当ERP系统即将上线时，这样的一个方案会让客户对ERP系统上线充满信心，从而在项目文档确认上有一些帮助，这是实施方法论总结出来的结论。

系统上线方案不仅可以用于控制项目整体进度，而且可以为项目提供一种保险。如果客户对该方案不满意，可以以此为理由不同意项目上线。从项目管控角度来说，这是占据项目主导权的一种方式。

由于ERP系统上线涉及实施方和客户方项目团队，因此在这一阶段，由实施方实施顾问制定的系统上线方案需要客户方高层管理人员及关键用户的反复确认。

2. 需要注意的事项

由于系统上线方案是在生产环境建立完成后编写的，因此实施方需要尽快和客户方确认该方案，以保证ERP系统顺利上线。

9.6 系统权限定义和分配

系统权限定义和分配的目的主要是在ERP系统上线前，对ERP系统上线后所有使用该系统的最终用户进行职责分工、创建角色等。

这一阶段的主要工作任务是进行知识转移。这项工作由实施顾问完成。

从参与项目实施的人员来说，不同人员的参与程度是不同的。对于一些管理决策能力较弱的客户，可以由实施方给出一些系统权限分配的建议和指导。对于一些管理决策能力较强的客户，可以由客户方自行分配系统权限。

由于系统权限分配关系到ERP系统上线后的使用，因此建议在系统上线方案确认后就开始进行这项工作。

9.7　静态数据导入

静态数据导入是指将整理好的基础资料根据对应模板进行整理、修改，并将其导入ERP系统。这是在ERP系统上线前需要完成的最终工作，关系到ERP系统上线后整个系统运行的准确性。

在这一阶段，实施方需要把所有方案中涉及的基础资料导入ERP系统，并与客户方对每一项数据的准确性进行确认。

在基础数据导入完成后，即可开展下一阶段的工作。

9.8　最终用户培训

针对最终用户培训，需要根据实际业务场景及如何使用ERP系统进行不同模块的培训。

在培训前，实施顾问需要做好相关准备工作，如准备最终用户操作手册、操作视频等。并不是所有的培训都能非常完美地开展，总会遇到各种问题，但是作为一名实施顾问，需要对每一次的培训负责。

在培训前，需要大量的时间做准备工作，包括数据的确认、软硬件环境的调整等。当然，也需要预留出一些时间用于解决可能产生的问题。具体的培训时间根据业务场景的复杂程度及模块数量而定。若一次培训效果不理想，可以进行二次培训或多次培训，直到最终用户在培训报告上签字确认。

9.9 系统上线

1. 系统上线检查

为了降低 ERP 系统上线后可能会遇到的风险，实施方项目团队成员及客户方关键用户需要对 ERP 系统的软硬件进行检查、确认。

2. 系统上线运行

在 ERP 系统上线运行阶段，实施方项目团队的工作重心将从系统数据的配置和修改转到 ERP 系统上线支持问题的解决，对 ERP 系统在上线运行过程中产生的问题进行解答。这一阶段的主要工作任务是保证 ERP 系统上线后稳定地运行。关键用户要实时跟踪 ERP 系统的运行情况。

9.10 上线切换里程碑确认

ERP 系统上线后，需要对这一阶段的里程碑和权责文档进行确认，确认后表明项目正式进入持续支持阶段。

虽然系统上线，但是客户理解的里程碑文档和实施方法论中的里程碑是有一定差异的，客户认为上线就代表着系统没有问题，一旦有问题就不能签订上线报告。这时需要和客户解释清楚，切换上线标志着系统从测试环境切换到正式环境，这并不代表系统没有任何问题。对于上线过程中产生的问题，实施顾问会持续跟进，并对问题解决提供支持。

这一阶段的主要工作任务是实施方与客户方的项目经理就 ERP 系统上线事宜进行回顾和总结，从而确定上线报告。上线报告的签订须在系统上线方案中有所体现。ERP系统上线后，实施方根据系统上线方案中确定的时间通知客户方进行上线报告确认。

9.11　上线后续工作

对客户来说，ERP 系统上线后，需要进行一段时间的试运行。对实施顾问来说，ERP 系统上线后，工作量较之前有所减少，这时可以安排项目验收工作。

在 ERP 系统上线后，实施顾问与客户就系统上线方案中的项目验收标准进行商讨，如果双方商讨后未确认上线切换成果，客户不同意验收，实施顾问可以要求客户通过邮件的方式将原因发给双方领导，由他们协商解决。

 习题

一、概念解释

请对以下概念做出正确解释：直接切换、并行切换、分段切换、生产环境、系统上线。

二、选择题

1. 为了确保 ERP 系统上线后稳定运行，在 ERP 系统上线前的阶段一般（　　）。

A. 会出现较大的流程调整　　　　　　　　B. 会出现较大的数据变更

C. 不会出现较大的数据变更或流程调整　　D. 有新的需求会进行调整

2. 当新老系统差别较大时，不宜采用（　　）。

A. 直接切换方式　　B. 并行切换方式　　C. 分段切换方式　　D. 以上都不是

3. 生产环境是指（　　）。

A. 模拟测试环境　　　　　　　　　　　　B. 可以对外提供服务的正式环境

C. 开发环境　　　　　　　　　　　　　　D. 生产现场中进行制造的地点

4. 下面说法有误的是（　　）。

A. 上线切换代表着 ERP 系统从测试环境切换到正式环境，但这并不代表 ERP 系统没有任何问题

B. 上线切换代表着 ERP 系统没有问题，一旦有问题，就不能签订上线报告

C. 上线切换后若有需求上的变动，会以需求变更的形式体现

D. 上线切换后若有需求上的变动，需要重新开始前期的所有工作

三、简答题

1. ERP 系统切换通常有哪几种方式？

2. 如何建立内部支持体系？

3. 系统运行制度包括哪些内容？

4. 建立生产环境时需要注意哪些事项？

四、案例分析题

A 公司的财务系统升级项目在 2019 年 1 月正式上线。由于迫切上线，客户没有听从实施顾问的建议，而是直接投入正式环境使用。项目上线后，系统问题频频出现，基础资料也与现状相差甚远，客户问责于实施顾问，而实施顾问不愿对此负责，实施进度陷入了困难境地，系统也成了无人使用的废品。实际在前期测试环境下系统能正常运行，对应的凭证、单据和报表也都能自动生成，数据经检查也是正确的，已达到了正常的上线标准。

根据上述资料回答以下问题。

1. 为什么系统上线后会发生上述情况？

2. 对于上线困难、规章制度不规范的企业，需要提前做哪些准备工作来保证项目的顺利上线？

第10章

持续支持

知识框架图

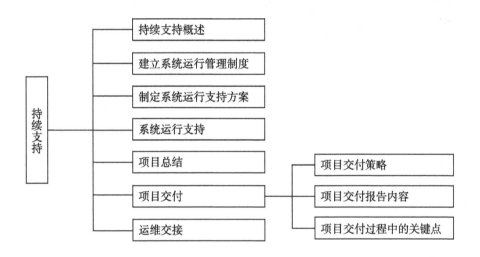

学习目标

1. 了解持续支持阶段的主要工作任务。

2. 了解系统运行管理制度和系统运行支持方案的内容。

3. 了解系统运行支持的内容和策略。

4. 了解项目总结的内容和过程。

5. 了解项目交付的策略和交付过程中的关键点。

6. 了解运维交接的工作任务和注意事项。

ERP 上线后客户迟迟不肯验收怎么办

李某是一家软件公司的实施顾问，他最近负责的一个项目目前上线已经三个月了，但客户因为一个小问题迟迟不肯验收，客户表示等到该问题查清后再验收。

该问题只有在特殊操作下才会出现，在正常情况下不会出现，基本上一个月出现一次，客户一直找不到规律。该问题每次发生时，李某都积极协助检查，但始终未能彻底查清。李某积极与客户沟通，并向客户解释该问题不会影响系统正常使用，可以将它放在维护期解决，但客户坚持待该问题查清后再验收。

直到上周，客户终于找到了重现该问题的方法，于是李某迅速排查了错误，修改了程序，纠正了该问题。

问题

1. 什么是项目验收？项目验收包含哪些内容？

2. 为什么客户迟迟不肯进行项目验收？

10.1　持续支持概述

持续支持工作包括两个方面，一是针对系统运行过程中出现的问题，由客户方项目团队解决；二是针对客户方项目团队解决不了的问题，由实施方项目团队解决。

这一阶段的主要工作任务如下。

（1）建立系统运行管理制度。建议客户建立系统运行管理制度，确保系统安全运行。

（2）制定系统运行支持方案。建议客户制定系统运行支持方案，明确人员职责和责任分工。

（3）系统运行支持。组织关键用户进行系统运行支持，确保系统正常运行。

（4）项目总结。系统运行一段时间后，实施方和客户方的项目团队总结项目实施情况、系统运行情况等。

（5）项目交付。实施方和客户方确认项目交付报告，并完成项目交付。

（6）运维交接。实施方和客户方对运维工作实施内部交接。

这一阶段需要达成的目标主要有以下两个。

（1）完成 ERP 项目实施工作的收尾和相关验收工作。

（2）完成 ERP 项目验收及项目交接工作。

10.2　建立系统运行管理制度

为了保障系统安全运行，在系统正式运行前，建议客户建立系统运行管理制度，规范系统运行管理的工作流程。

10.3　制定系统运行支持方案

制定系统运行支持方案的作用是帮助客户建立完善的系统运行支持体系，确保系统稳定运行；同时，可以避免系统上线后，客户指责没有告知其系统如何进行维护或不断进行提问，影响实施顾问的其他工作。

系统上线后，为了确保系统长期、稳定地运行，除了实施顾问要提供必要的技术支持，客户还需要具备自我复制和优化能力。因此，在系统上线后，实施顾问需要对关键用户进行培训，让其能够深入理解 ERP 流程，并掌握 ERP 系统的操作规范，然后由其帮助最终用户。

10.4 系统运行支持

1. 系统运行支持内容与策略

为了及时解决系统运行过程中出现的各种问题，保证系统的顺利运行，实施顾问应定期进行现场支持。

现场支持和问题跟踪是系统运行支持阶段的主要工作任务。现场支持的主要工作任务包括制定现场支持的工作时间表、进行现场支持及问题记录、交代后续维护事宜和注意事项等。问题跟踪的主要工作任务包括对问题进行描述、对问题解决过程进行跟踪及现场问题解决等。

实施顾问提供现场支持的目的不仅是亲自解决日常问题，更重要的是帮助最终用户熟悉客户的内部支持体系，提高其问题解决能力。实施顾问应组织关键用户定期检查最终用户的日常操作流程，并提供全面的检查报告，确保系统的运行效果。在系统稳定运行后，实施顾问要做好善后工作，帮助客户制定应急预案后，即可离开现场。

2. 系统正式运行后的现场支持任务

实施顾问的现场支持任务时间表一般由项目经理制定。需要注意的是，在系统上线后开始几天和月底首次结账时，实施顾问必须在现场支持。

在现场支持过程中，实施顾问需要对现场出现的问题的原因进行分析，填写问题记录单，并向企业内部支持人员说明后续维护事项及注意事项。最终用户应按照最终用户操作手册和业务流程规范进行操作，不允许越权操作或不按流程操作。

3. 问题跟踪的具体任务

实施顾问需要对系统运行过程中发生的所有问题需要进行归类并予以解决，同时需要分析该问题的原因。如果系统上线后发生了严重问题，实施顾问在现场无法解决，那么必须对问题进行记录，并跟踪问题直至解决。对于无法解决的问题，实施顾问需要向项目经理提供问题记录单，并提出处理意见。实施顾问要跟踪问题解决过程，及时与客户沟通。得到问题解决方案后，实施顾问首先在当地分公司进行测试，然后到客户现场解决问题。最后,实施顾问需要填写问题记录单,记录解决问题的过程和结果。

4. 支持方式

系统上线后,实施顾问的支持方式主要有现场支持、电话支持和网络支持。现场支持的及时性和有效性较高,但成本也高。电话支持是一种常见的支持方式,成本低,效率也低。网络支持对客户的网络环境要求较高,要求企业的局域网与互联网相连。

10.5 项目总结

项目总结的内容主要包括对项目实施过程中的各种文档资料进行整理、归档,对应提交给客户的资料进行装订,并在项目验收时正式提交给客户;对项目的实施效果进行评价;项目经理撰写项目总结报告;为项目团队成员重新分配工作。

10.6 项目交付

10.6.1 项目交付策略

在系统稳定运行一段时间后,就可以进行项目成果评估,并组织项目交付。项目交付报告是持续支持阶段形成的阶段性成果文档,需要由客户方和实施方签字确认,它是项目结束及销售人员收款的依据。

这一阶段的主要工作任务包括整理项目文档、进行项目总结及撰写项目交付报告等。

项目经理组织召开项目交付会。会上,由项目经理介绍项目实施过程、各阶段成果和系统运行状况,对项目的实施效果进行评价,并提出表扬和建议。

10.6.2 项目交付报告内容

项目交付报告内容如下。

1. 项目概述

项目概述要简短，首先说明项目目标，然后说明项目工作已经完成因而需要对项目关键成果进行总结。项目概述可以采用以下模板。

××公司ERP项目的目标是为了提高生产计划系统的效率，满足产销平衡的需要；能够按产品种类核算生产成本，提高公司的决策水平。至此，该项目的客户化开发工作已经结束，现进入服务支持阶段。本文档对客户化开发过程中关键成果予以总结，对项目双方取得成绩予以提炼整理。

2. 项目回顾

建议描述内容提要：项目实施的组织结构，项目实施的时间、范围，项目实施的主要阶段，项目实施的重要任务和活动。

（1）项目实施的组织结构描述参考

××公司ERP项目的项目组由用友方和客户方组成。用友方由×××担任项目经理，×××和×××为项目小组成员。客户方由×××担任项目经理，项目小组成员包括×××、×××和×××。用友××分公司实施部经理担任项目总监，用友××分公司总经理和××公司总经理组成项目领导小组，××公司总经理担任小组组长。

（2）项目实施的时间、范围描述参考

××公司ERP项目实施的时间为2002年5月至8月。根据双方签订的合同，实施范围包括销售管理、物料需求、系统管理、库存管理、采购管理、应收账款、应付账款、会计界面和总账等模块。项目实施范围仅限于与生产有关的料品范围；仅限于××公司单独的一家公司，不包括其他公司。

本次项目实施范围也不包括合同范围之外的相应服务，如网络建设等。

（3）项目实施的主要阶段描述参考

项目的实施经历了项目规划、业务分析、蓝图设计、切换准备、系统切换和持续支持六个阶段。

在项目规划阶段，主要完成了项目实施小组的组建、制订项目实施主计划、召开项目启动会等工作。

在业务分析阶段，主要完成了安装培训与测试环境、理念和产品分析、业务需求分析等工作。

在蓝图设计阶段，主要完成了业务解决方案设计、静态数据准备、系统测试和业务解决方案确认等工作。

在切换准备阶段，主要完成了系统运行管理制度建立、内部支持体系建立、生产环境准备和最终用户培训等工作。

在系统切换阶段，主要完成了静态数据转换、动态数据转换和系统正式运行等工作。

在持续支持阶段，主要完成了系统上线运行支持的工作。

（4）项目实施的重要任务和活动描述参考

回顾项目的整个实施过程，项目实施的重要任务包括制订项目实施主计划、进行项目培训、进行需求调研和需求分析、制定业务解决方案、准备数据、进行系统切换。

在制订项目实施主计划时，用友方项目经理、客户方项目经理和总经理进行了大量的沟通，利用不到两周的时间，明确了项目目标和可交付成果；根据项目目标和可交付成果确认了项目的几个主要阶段，并制定了相关时间表，为项目的时间控制奠定了良好的基础，为项目的进行提供了基本的行动指南。

3. 项目经验总结

建议描述内容提要：项目实施经验总结、项目实施教训总结、如何汲取项目实施过程中经验与教训的总结。

（1）项目实施经验总结描述参考

在项目实施过程中，遇到了一些困难。项目组通过努力，运用一些手段，有效地克服了这些困难，并取得了较好的效果。例如，静态数据准备工作量和准备时间存在较大的矛盾，经过认真分析，我们发现占静态数据比例较大的是产品结构（BOM）方面的数据，而产品结构的数据中有大量的产品由于近期不再生产，价值已经不是很大。因此，我们决定首先整理近一年来所有生产过的产品品种，并针对这些产品准备BOM结构。这样就有效地减少了静态数据准备的工作量，保证了项目实施的周期没有被延长。

（2）项目实施教训总结描述参考

在项目实施过程中，存在一些方面控制得不够好，最终对项目产生了不利影响的情况。在进行最终用户的培训时，对关键用户准备质量和检查质量控制不够，关键用户在没有准备充分的情况下进行最终用户培训，导致最终用户培训的质量不理想。当系统上线后，发生的问题较多，实施顾问在系统上线后的持续支持上付出了相当大的精力。

（3）如何汲取项目实施经验与教训的总结描述参考

在项目实施过程中得到的经验与教训，将通过项目简报的形式在实施部中公布，供所有实施人员借鉴；同时，在分公司和集团咨询服务部进行存档，以利于以后项目经理查阅。

10.6.3　项目交付过程中的关键点

1. 项目交付报告签订

在签订项目交付报告之前，需要考虑多方面因素。一般在需求调研阶段，客户往往把业务需求和系统所要实现的目标描述得很笼统，结果导致在项目实施过程中出现业务需求不断增长和需求不断变化的情况，这时实施人员将难以应付。在这种情况下，就需要细化产品功能，并根据产品功能确定软件细节。只要满足产品功能，理论上就应该能满足用户的业务需求。因此，为了避免陷入被动局面，现在一般的管理软件项目是按阶段来验收收费的，项目按照服务内容分几个业务目标，完成一个业务目标，就完成了一个验收阶段，就要收取一部分实施费用。项目验收的最低条件是一个或几个基本业务可以开始大规模应用。这些基本业务是否非常简单，或者非常稳定，或者所有员工是否在线，都不是确定的，但是只要用户看到这些基本业务能够运行，并认可运行结果即可。

2. 确定里程碑

项目交付报告是项目验收的一部分，每个阶段形成的里程碑都非常重要。里程碑是指一个具有特定重要性的事件，通常代表项目工作中一个重要阶段的完成。简单地说，里程碑是完成一个阶段工作后可以看到的交付成果。每个可交付成果的完成表明一个阶段的工作已经完成。一般情况下，在这一阶段工作的可交付成果得到确认之前，下一阶段的工作不会开始。

里程碑定义的子目标是一个相对独立的应用阶段，它可以促进项目的逐步推进。只要用户达到一个里程碑，项目就可以在该业务实现阶段进入不可逆转的状态，而且不会停滞不前，从头开始。

3. 主动与客户沟通

在项目实施过程中，实施方与客户方高层管理人员、中层管理人员和基层管理人员的沟通重点都不一样。

与客户方高层管理人员沟通的重点是让其知道实施方一直在按照项目目标推进，各阶段工作已经顺利完成。与客户方中层管理人员的沟通往往是一个不断动态调整项目目标，逐步明确项目目标和细节的过程。与客户方基层管理人员的沟通主要体现在对最终用户的关怀。实施顾问应主动与最终用户定期沟通，就软件需要改进的地方得到最终用户的认可和支持。

4. 项目汇报

在项目验收会上，项目经理需要根据项目的实施成果进行总结汇报。总结汇报的内容要体现量化效益分析，即用数字体现该系统产生的效益，体现应用特色，介绍流程，准备翔实的汇报材料和数据。

10.7 运维交接

1. 运维交接工作任务

项目实施完成后，实施部应将项目移交给服务支持部。服务支持部开始承担持续支持任务，即为客户未来的系统运行提供维护服务。

这一阶段的主要工作任务包括项目内部交接、运维方案建议、签订运维合同和后续维护。

服务支持部需要向客户提出运维内容和运维方案建议，与客户签订运维合同，并根据具体情况进行系统维护和版本升级等工作。

2. 需要注意的事项

项目交接时需要注意的事项如下。

（1）一份合同中可能包含多个合同号，在文档确认过程中，需要完成包含所有合同号的实施服务。

（2）向项目管理中心询问整个项目实施阶段中，每个阶段所完成的阶段性文档是否已全部提交。只有阶段性文档全部交齐后，才可以发起提交。

（3）阶段性文档全部提交后，填写实施服务交接单，并发邮件给运维人员，申请交接。运维人员须到客户现场完成实施服务交接工作。

习题

一、概念解释

请对以下概念做出正确解释：持续支持、运行支持、项目交付、运维交接。

二、选择题

1. 内部支持体系人员不包括（　　）。

A. 实施方实施顾问 　　　　　　　　　B. 客户方业务人员

C. 客户方技术人员 　　　　　　　　　D. 客户方分支机构人员

2. 实施顾问提供现场支持的目的是（　　）。

A. 亲自解决问题 　　　　　　　　　B. 帮助最终用户熟悉客户的内部支持体系

C. 帮助最终用户提高问题解决能力 　　　D. 以上都不是

3. 实施顾问的支持方式不包括（　　）。

A. 邮件方式 　　　B. 电话支持 　　　C. 网络支持 　　　D. 现场支持

4. 项目交付报告是持续支持阶段形成的阶段性成果文档，需要（　　）。

A. 第三方认证 　　　　　　　　　B. 客户方签字确认

C. 实施方签字确认 　　　　　　　　D. 以上都不是

5. 项目实施的重要任务和活动不包括（　　）。

A. 制订项目实施主计划 　　　　　　　B. 进行项目培训

C. 进行需求调研和需求分析 　　　　　D. 高层拜访

三、简答题

1. 建立内部支持体系的重要意义是什么？

2. 如何做好现场支持？

3. 如何做好项目总结？

4. 当客户不愿意在项目交付报告上签字时该怎么办？

5. 项目实施经验总结有什么意义？

四、案例分析题

某公司 ERP 项目组在项目总结报告中对项目实施给予肯定的同时，也对项目实施中存在的不足和后期需要改进的地方进行了详细描述，具体如下。

公司 ERP 项目从开始实施至今，可以说实现了阶段性目标，具备了验收条件，这说明 ERP 系统能够适应公司管理的需求，能够满足公司管理的需要，对加强公司内部控制，提高经营管理效率，改变公司资源配置状况，及时准确地提供生产、销售和财务管理的动态信息，灵活、高效地支持公司各项业务确实能起到积极作用。但是好的软件只有充分有效地利用才能真正发挥作用，从目前 ERP 系统运行情况来看，项目前期的基础工作做得不到位，导致 ERP 系统运行过程中重复修改，增加了工作量，因此，还有很多工作需要我们脚踏实地地去推进，在今后的工作中还需要在以下四个方面持续改进。

（1）加强以存货为核心的基础档案管理。由于公司没有物流管理人员，加之时间仓促，公司存货分类不够科学、合理，存在存货名称不规范、规格型号不统一等问题，存货档案冗余度较大。这要求公司的采购计划人员要熟悉原材料、生产设备及备品备件规格型号，在存货立项时要谨慎负责，减少重复立项，注意收集存货档案中存在的问题，不断优化存货档案。

（2）规范与优化业务流程。从目前情况来看，公司的采购、销售和财务管理流程需要规范与优化，对于已经确定的流程，要坚定地执行。对于新的流程，在执行之初，可能会由于观念和习惯做法存在效率问题，但随着流程固化，各个方面关系的理顺必将带来效率的提升。

（3）进一步健全相关制度。根据项目实施的要求，各部门已经根据实际工作需要，结合新的业务流程，对相关制度进行了修改。但是，这些制度还不能完全满足今后工作的需要，制度本身也存在诸多不足，今后还需要不断修改和完善。随着 ERP 系统的持续运行和工作的不断深入，还会出现各种各样的问题，需要更多的制度来规范。因此，希望各部门在今后的工作中不断总结经验，完善各项制度，逐步形成一套系统、完整的能够保障 ERP 系统正常运行的制度体系。

（4）培训工作还要持续进行。在项目实施中对相关人员进行培训，接受培训较多的是各单位委派的关键用户，其次是全部上机人员，但由于时间有限，各角色的培训还不够全面。通过对 ERP 系统运行中出现的问题的原因分析，表明用户的操作水平目前还不能适应项目需要。接下来，公司将根据 ERP 系统运行的实际状况和操作人员的需求，实时组织再培训工作，不断提高相关人员的操作水平。

根据上述资料回答以下问题。

1. 对于文中提到的"好的软件只有充分有效地利用才能真正发挥作用"，你是怎样理解的？

2. 该公司实施 ERP 项目时前期存货基础档案没有做好，对后续使用会带来哪些影响？

3. 为什么要有一套系统、完整的能够保障 ERP 系统正常运行的制度体系？

第 3 篇

ERP 产品与实施项目案例篇

第11章

ERP 行业标准和典型 ERP 产品

知识框架图

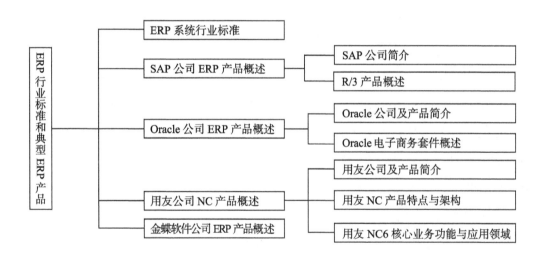

学习目标

1. 了解 ERP 产品服务技术要求和 ERP 产品功能技术要求。

2. 了解 SAP 公司的 ERP 产品。

3. 了解 Oracle 公司的 ERP 产品。

4. 了解用友公司的 NC 产品。

5. 了解金蝶软件公司的 ERP 产品。

引例

制造业如何实施云 ERP 项目

企业所处的内部环境不同，实施云 ERP 项目所面临的风险也不同。对于风险，有两种理解：一是损失发生时的不确定性，即产生风险的原因可能是不确定性，也可能是损失因素；二是在一定条件下一定期限内，某一事件的预期结果与实际结果之间的变动程度，变动程度越大，风险就越大。项目风险是指由于项目所处的外部环境和条件的不确定性，项目的最终目标背离项目相关利益主体的期望，给项目相关利益主体带来损失的可能性。项目风险产生的原因有很多，主要是由于项目团队不能实现和准确预知所有干扰项目未来发展的因素、发展方向和影响程度。项目的一次性特点导致项目风险的不可重复性、无法弥补性和后果严重性。

采用全过程风险管理可以理解为 ERP 实施前、ERP 实施中和 ERP 实施后三个阶段，每个阶段都包括项目风险的管理规划和风险识别、分析、应对及监控等过程。项目团队根据云 ERP 项目所处的不同阶段，通过对可能遇到的风险进行风险识别和风险评估，并以此为基础，合理地采用多种管理技术和手段，妥善处理风险造成的不利后果，使项目朝着有利于实现目标的方向发展。

实施前的风险可以从三个方面着手进行规避。

（1）提升企业全体人员对 ERP 理论的认识水平

在引进云 ERP 项目之前，企业应提高全体人员对 ERP 理论的认识水平，尤其是中层管理人员。首先，通过对企业信息化现状进行分析，把不能满足管理决策的问题找出来，让领导认识到引进云 ERP 项目的必要性。其次，向员工灌输 ERP 理论。最后，了解 ERP 实施现状。通过对不同供应商产品的特点及其解决方案的比较分析后，由企业的技术部收集各部门的问题和关注点，充分了解 ERP 的全部模块功能和实施 ERP 的重点及难点，形成选型评价体系，并通过企业评审。通过多家供应商介绍不同的 ERP 产品，企业领导和骨干人员对 ERP 理论及 ERP 系统的认识更加专业，ERP 实施思路更加清晰，视界更广。这些都为顺利实施 ERP 项目打下了良好的基础。

在实施 ERP 项目前，有意识地控制风险及采取有效的动员方式，不仅调动了企业全体人员的热情，坚定其实施ERP的决心，还为后续拟定实施目标、实施内容和进程控制等奠定了扎实的基础。

（2）明确企业需求，确定投入上线

由于制造业的生产方式不同于服装业、物流业、贸易业，不同企业的生产管理模式不同，因此实施ERP的方式也不同。企业需要根据其生产类型、组织结构和规模大小等明确实施ERP系统要解决的问题及问题的轻重缓急、收效高低。针对急需解决、收效高的问题，选择合适的ERP产品。

企业必须根据自身的规模选择合适的ERP产品，同时要正确估计投入上限。在实施ERP项目过程中，由于项目进度、顾问费用等风险，导致项目费用不可控。投入费用控制不力会导致企业实施ERP以失败收场。

各企业的实际情况不同，因此必须在投入环节进行详细估算，选择合适本企业的ERP软件。

（3）制定评价体系，实地考察成功案例

云ERP的选型必须秉承"只买合适的"原则，从软件功能和软件供应商方面分别制定适合企业自身情况的评价体系，根据重要程度设定合适的权重，并根据各部门对该评选项的关联度设置不同的权重。

① 软件功能方面：应考虑权限管理和财务管理是否适合组织架构的发展与变化；生产计划对采购在途处理、BOM替代品的处理过程；生产线物料管理的精细度是否适合车间挪料的频繁程度；成本控制点；采购的权限管理是否精细到采购员、某种物料；库存管理是否支持最小包装单位小于1。

② 在系统维护方面：应考虑企业技术团队能否在本地独立地进行二次开发，是否具有强大的报表功能，与企业信息化基础架构的融合程度及用户体验等。

③ 软件供应商方面：应考虑供应商规模；产品的购置费用；产品在当地类似企业的成功案例；供应商提供的顾问人数、专业水平和稳定性；供应商的实施方法论；供应商在当地的服务队伍规模；是否提供当地类似企业成功案例的实地考察；ERP相关产品的成熟度，如人力资源、工作流、报销管理；供应商提供的免费技术培训人数及差旅费；供应商顾问实施费用计算方法；软件后续的服务费等。

☰ 问题

1. 什么是云 ERP？它与一般的 ERP 产品有何不同？

2. 制造业的 ERP 系统有什么特点？

3. 云 ERP 的选型评价体系需要从哪些方面考虑？

11.1 ERP 系统行业标准

2003 年 6 月 4 日，信息产业部发布编码为 SJ/T 11293-2003 的中华人民共和国电子行业标准《企业信息化技术规范 第 1 部分：企业资源规划系统（ERP）规范》，该标准已于 2003 年 10 月 1 日起正式实施。

《企业信息化技术规范 第 1 部分：企业资源规划系统（ERP）规范》给出了 ERP 的相关软件功能、开发管理与实施管理的基本要求和方法，适用于企业 ERP 产品与服务选型，主要内容分为以下三部分。

1. ERP 产品研发技术要求

ERP 产品研发技术要求是对 ERP 产品研发整个过程体系、框架流程的规定和要求，其中强调体系的完整性、灵活性、严谨性和高效性，特别要求过程控制和文档记录。这部分使用流程图的方式讲解，同时配有表格形式的说明。其研发循环点流程如图 11-1 所示。针对每个过程，将其流程展开并在相应的表格中详细说明流程的作业系统、控制重点、依据资料和流程图中的各项窗体。这部分可以作为选择 ERP 产品时，对供应商进行考察的依据。

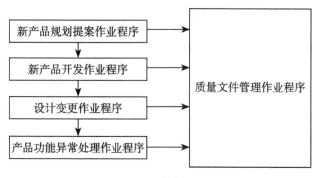

图 11-1 研发循环流程

2. ERP 产品服务技术要求

ERP 产品服务技术要求规定了服务的基本组织架构、基本人员组成和相应的工作，同时规定了各项工作的具体评估准则。这部分可以作为选择 ERP 产品及实施队伍时，对供应商及实施队伍进行考察的依据。

3. ERP 产品功能技术要求

ERP 产品功能技术要求提供了一整套框架规范、评价体系及评估方法，可以快速评估 ERP 产品的基本功能，衡量 ERP 产品的价值。这部分把 ERP 产品分成功能类别、等级、功能和评比标准四个层次。针对其中的每一个功能，通过使用配分和权重计算得分来量化其达到的具体程度及性能。这部分可以用作企业确定 ERP 需求的参考，选择 ERP 产品的依据。

SJ/T 11293-2003 标准功能框架共有 20 个功能模块如表 11-1 所示。

表 11-1 SJ/T 11293-2003 标准功能框架

环境与用户界面	系统整合	系统管理	基本信息
库存管理	采购管理	营销管理	BOM 管理
车间任务管理	工艺管理	MRP	成本管理
人力资源管理	质量管理	经营决策	总账管理
自动分录	应收管理	应付管理	固定资产管理

11.2 SAP 公司 ERP 产品概述

11.2.1 SAP公司简介

SAP 是全球最大的企业管理和协同化商务解决方案供应商。

SAP 公司在 1972 年推出了 RF（R/1）系统，这是一款自动化财务会计及交易处理程序。1979 年，SAP 公司面向全球推出了用于大型机的 R/2 系统。Gartner Group 正是基于 SAP 公司 R/2 系统的理念，总结出了 ERP 的概念及定义。1992 年，SAP 公司推出了一款具有革命性的产品 R/3。R/3 使得 SAP 公司从一家小型软件公司真正成为企业应用软件领域的领导者。1999 年，SAP 公司推出了 mySAP 协同电子商务解决方案。mySAP 帮助客户成功地立足于互联网时代的经济大潮。2002 年，SAP 公司推出了 mySAP 商务套件解决方案。2010 年，SAP 公司推出了一款高性能的数据查询功能软件 SAP HANA。2014 年 3 月，SAP 公司推出了基于 SAP HANA 的云平台。SAP HANA 云平台提供了平台即服务（Platform as a Service，PaaS），以内存为中心的基础架构、数据库和应用服务，提供构建、扩展、部署及运行各种云应用软件的环境。SAP HANA 云平台为企业级客户提供了企业级平台即服务（Business Platform as a Service，BPaaS）的解决方案。

11.2.2 R/3产品概述

R/3 是最有代表性的 ERP 系统。R/3 的特点主要表现在模块化、集成性、灵活性和开放性等方面。R/3 以模块化的形式提供了一整套业务方案，其功能强大而完善；模块之间有很好的集成性，流程可以重组和优化；R/3 可以灵活地配置模块，从而有效地满足各种特定行业的需要；R/3 具有开放性接口，可以将第三方软件产品有效地集成起来。正是因为 R/3 具有诸多优点，所以其受到了许多企业的青睐。

1. 软件架构和运行环境

R/3 是一个开放的、集成的 ERP 系统，采用的是客户 - 服务器体系结构。其功能覆盖了企业的财务、采购、库存、生产、销售、质量、工程设计和人力资源管理等各个方面。R/3 应用软件采用组件化结构，它们既可以单独使用，也可以和其他解决方案相结合。

R/3 适用的服务器平台有 Nove、Netware 和 NT Server 等，适用的数据库平台有 IBM DB2、Informix 和 MS SQL Server 等，支持的生产经营类型有按订单生产、批量生产、合同生产、离散型生产、复杂设计生产、按库存生产和流程型生产。其用户主要分布在汽车、化工和消费品等行业。

2. R/3 软件特点

R/3 软件特点如下。

（1）功能性。R/3 以模块化的形式提供了一整套业务方案，其中的模块包括所需要的全部业务功能。

（2）集成化。 R/3 的模块可以根据业务需要集成。实际上，R/3 把逻辑上相关联的部分看成了一个整体。

（3）灵活性。R/3 系统可以根据需要配置模块，从而满足各种用户的需要和特定行业的要求。R/3 还配备有适当的界面，用以集成用户自己的软件或外来的软件。

（4）开放性。R/3 的体系结构符合国际公认的标准，使客户得以突破专用硬件平台及专用系统技术的局限。同时，SAP 提供的开放性接口可以方便地将第三方软件产品有效地集成到 R/3 系统中。

（5）用户友好。R/3 系统采用图标与图形符号简化了人机交互时的操作，统一设计的用户界面确保了工作人员能够运用同样的技术从事不同的工作。

（6）模块化。R/3 的模块结构使用户可以根据需要选用新的应用程序，也可以完全转入一个新的组织结构体系。

（7）可靠。SAP 始终把用户放在第一位，不断地为集成化软件的质量设立越来越多的国际标准。

（8）低成本高效益。R/3 是一个高度集成化的数据处理软件，可以帮助用户投入较低的成本获取较大的收益，使用户取得竞争优势。

（9）国际适用。R/3 支持多种语言，而且是为跨国界操作而设计的。R/3 可以灵活地适应各国的货币及税务要求。

（10）实施服务。在 R/3 系统实施过程中，用户将得到 SAP 技术专家的全面支持与服务，包括组织结构方面与技术方面的咨询、项目计划与实施方面的协助及培训课程。

3. R/3 系统功能结构

R/3 系统功能结构如图 11-2 所示。

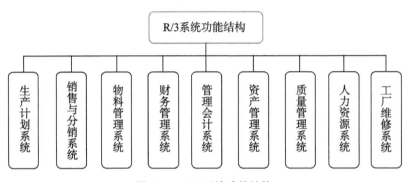

图 11-2　R/3 系统功能结构

（1）生产计划系统

生产计划系统具有制造执行系统的全部功能，是一个综合性的 ERP 系统。它集成了各种应用领域的所有业务功能，支持客户订单快速处理。R/3 的业务模块的组织实体可用于任何现有的企业组织结构。R/3 支持跨越多个公司的事务处理，以及同一企业各组织实体之间的分销需求计划。生产计划系统包括七个功能模块，即销售及运作计划、需求管理、主生产计划（Master Production Schedule，MPS）、MRP、生产计划及生产活动控制、能力需求计划和计算机辅助工艺过程设计（Computer Aided Process Planning，CAPP）标准值计算。

（2）销售与分销系统

销售与分销系统具有多企业、多语种、多货币的销售订单处理功能及微调技术、定价灵活等特征。在应用销售与分销系统和其他国家的伙伴进行交易时，可以自动转换成伙伴国家的语言及货币。通过确定国界，每一位伙伴收到的业务内容是用相应的本地语言和货币来表述的，这对于国际性的大企业服务全球市场是非常有利的。微调技术能使销售与分销系统适应企业功能的需要。通过微调订单类型，可以很快地调整系统，以满足不断变化的业务需求。

销售与分销系统的定价灵活性和完备性很强，订单状况／顾客服务查询可以使用户很方便地从系统中获得有关订单情况的大量信息。通过销售与分销系统，甚至可以用图表表示订单的进度。R/3 订单输入允许客户利用自己的产品号码（而非销售商的产品号码）进入一个客户订单，对大量的订单的输入可以像处理一份简单文件那样。另外，在输入的订单内，还可以快速地移到一个客户部件号码或一种专用产品号码的登记窗口界面中。

销售与分销系统中的折扣处理提供了多样选择，如基于产品的、产品组的、客户的及购买群体的折扣。R/3 的销售信息系统可以收集销售与分销活动中任何类型的数据，并方便合并和使用。

销售与分销系统中的服务涉及一整套客户服务功能，如呼叫管理、担保管理和服务合同处理等；还包括出租或采购设备的维护和修理合同，并允许记录全过程，确保及时的服务响应和准确地开票。

销售与分销系统具有 10 个功能模块，即销售支持、销售信息系统、销售活动、询价及报价、订单、装运、运输、发票处理、信贷管理和可用性检查。

（3）物料管理系统

物料管理系统支持一个集成的供应链中与物料管理有关的所有任务。采购管理不仅可以控制采购流程，还可以为计划提供重要的交货信息和市场供应信息。采购可以控制采购物料从请购到收货、检验、入库的详细流程，并且当收到货物时，相关的采购订单会进行自动检查。通过对供应商的谈判和报价的管理及比较，可以控制采购价格，以取得最佳效益。通过对供应商和采购部的绩效评估，可以协助采购部确定采购环节中尚待改进的地方，同时采购和应付账款之间及收货和成本核算部门之间可以建立有意义的信息通信，以保证企业的任一环节所提供的信息能在其他所有有关的环节中体现出来。通过建立和维护采购订单方式来实现采购合同跟踪、安排供应商交货进度和评价采购活动绩效等需求目标，从而提高采购活动效率，降低采购成本。

物料管理系统具有五个功能模块，即采购管理、发票校验、供应商评价、库存管理和库房管理。

（4）财务管理系统

财务管理系统是一个集成的高效商务管理系统，可以适应企业不断变化的财务状况。作为一个现代化、国际化的会计软件，财务管理系统将各个会计组件的数据有机地结合，提供全面、系统的报告，用户可以从中得到所要了解的一切内容。财务管理系统的数据透明性和用户友好性使制定财务决策的工作变得非常简单。

财务管理系统针对会计信息的公开性，依据有关各国会计法规进行了相应的定义，同时也适用于国际性的企业法规要求。R/3系统的集成性确保了会计信息能够满足自动更新的要求。当用户在物料模块处理业务时，这些业务所引起的财务上的变动将自动记入会计系统。财务管理系统由总分类账管理、应收账款管理、应付账款管理、财务控制、法定合并及现金管理模块组成。

（5）管理会计系统

R/3的控制应用程序提供了一个用于控制的高级而复杂的系统，能根据特定的需求对其进行组织与修改。R/3所有的管理会计应用程序拥有同样的数据源，并使用一个标准化的报告系统。管理会计系统纳入了各个国家的具体要求，这意味着它拥有控制跨国业务活动的能力，可以使用户密切监控所有成本、收入、资源及期限，每项业务交易都完全集成到整个系统中，这样根据系统给出的数据就可以用来对计划成本与实际成本进行全面比较。管理会计数据被完全集成到R/3的后勤、销售和财务会计的活动中。

管理会计系统包括成本中心会计管理、基于业务活动的成本核算、订单与项目会计、产品成本核算、获利能力分析、利润中心会计和公司管理七个模块。

（6）资产管理系统

资产管理系统能自动监控固定资产和商品状况。资产管理系统与物料管理系统集成应用，可以实现物料内部领用的业务处理；与财务管理系统集成应用，可以使折旧等各项业务自动过账到财务模块。资产管理系统模块包括资产主数据管理和资产日常业务处理。

（7）质量管理系统

质量管理系统可以帮助企业改进产品质量和提高客户满意度。符合质量管理标准要求是生产优质产品的重要因素，这样的产品可以维持长久的客户/供应商关系，降低费用和提高竞争力。质量管理系统可以在整个供应链中对所有业务流程实施质量管理，包括质量计划、检验采购品质量、质量检验记录、质量通知单、质量证书及质量控制等控制功能。基于全企业范围的质量计划，可以减轻质量监管作业的负荷。集中的组织质量计划活动可以考虑所有的质量管理要求，以确保质量管理的全面性，检验方法和质量指标都可以在系统中存档和更新。利用质量管理系统预设的控制数据，可以确定哪些物料需要检验，并将待检品存货类型入账。这种情形主要适用于来料检验、产成品检验和各种不同样品的检验等场合。这意味着只有符合预先定义质量要求的产品才可以被放行，以进行进一步的业务处理，从而保证了产品质量。采购部可以获得供应商的最新质量评分，以及用于报价申请和采购订单的相关质量数据。

（8）人力资源系统

人力资源系统采用涵盖所有人员管理任务和帮助简化与加速处理的整合式应用程式，为企业提供人力资源规划和管理解决方案。开放式资讯仓储包括智能资讯系统。该系统把来自 R/3 应用程式和外部来源的数据归纳为主管人员资讯，不仅支援使用者部门决策和控制，还支援对成功具有关键作用的高阶控制和监控。

人力资源系统包括人事组织机构管理、人事考勤管理、薪资管理、员工招聘与发展、员工培训与发展等模块。

（9）工厂维修系统

工厂维修系统提供了所有和计划及加工维修任务有关的活动的支持，如从发生故障时的紧急维修单到维修和检测任务的时间表。维修请求将根据其类型和紧急程度分类，并确定责任，设置期限，同时制订时间计划和成本计划，在整个订单的准备阶段就能得到预算清单。在一个维修单下达后，现场报告将会录入工厂维修系统，并用于能力计划、物料保留及采购单的发放等工作中。在完成一个维修单后，工厂维修系统会按照规定自动完成结算，包括一些外来服务。所有的工厂维修单都进行存档，并可以用来进行分析和统计。

11.3 Oracle 公司 ERP 产品概述

11.3.1 Oracle 公司及产品简介

Oracle 公司是目前全球最大的管理软件及服务供应商。Oracle 公司于 1977 年在美国加州成立。Oracle 的核心产品是数据库，其一直以较高的市场占有率稳居关系数据库市场首位。Oracle 较其他大型数据库的优势是可以跨平台应用，完全支持所有的工业标准，适用于大中小型数据。Oracle 完全向下兼容，没有应用风险，具有最高认证级别的 ISO 标准认证。

Oracle 公司的产品系列如下。

（1）数据库及工具：Oracle 的数据库服务器众多版本中最具代表性的版本是 2013 年推出的 Oracle 12C，应用服务器为 Oracle Application Server，开发工具有 OracleJDeveloper、Oracle Designer、Oracle Developer 等。

（2）中间件：代表产品是基于 J2EE 架构下的应用服务器 Application Server。

（3）应用产品：主要有面向企业级的产品，如 PeopleSoft Enterprise、Siebel 和 JD Edwards 系列产品。

11.3.2 Oracle 电子商务套件概述

1. Oracle 电子商务套件简介

Oracle 电子商务套件是基于互联网的、完全集成的商务应用套件，能使企业前台商务与后台运营中的关键业务流程完全自动化。

Oracle 电子商务套件功能非常丰富，包含营销、服务、合同、订单管理、产品设计、采购、供应链、制造、财务、项目管理、人力资源与专业服务自动化等在内的每一个环节的业务，其用户遍及了绝大多数行业。

Oracle 电子商务套件 12.0 版本于 2006 年 12 月发布；12.1 版本于 2008 年 9 月发布，并提供了 9 个新产品，同时在人力资源、金融、供应链管理、采购、项目、主数据管理和客户关系管理应用软件方面增加了诸多功能。Oracle 电子商务套件是互联网上运行的一组适用于整个企业综合性业务应用的产品。Oracle 电子商务套件采用组件化，可以根据业务需要实施一个模块、多个模块或整个套件。Oracle 采用标准的开发式结构，可以集成到不同类的环境中，从而可以极大地利用现有的应用产品。Oracle 电子商务套件从对内部流程的支持扩展到了企业之外的整个供应链，包括客户、供应商和其他贸易伙伴。利用 Oracle 电子商务套件，企业可以在许多业务方面（如产品开发、计划、采购和订单履行等）提早与客户和供应商进行协作，还可以与合作伙伴轻松共享设计、预测、订单和交货状态等实时信息。

Oracle 电子商务套件可以在一个数据库中满足多语种、多币种和多种法规的要求，可以在同一个统一码例程中安装所有语言。贸易伙伴可以按其选择的语言接收业务文档，用户可以使用其选择的格式查看和输入日期、数值和币种。

Oracle 电子商务套件是一个基于公用的数据模型集成的综合性企业应用产品集。Oracle 应用产品和非 Oracle 应用产品可以集成到 Oracle 电子商务套件的统一信息结构上，将数据合并在一起，这样客户、供应商、合作伙伴、员工和所有业务实体便可以在整个企业中使用一致的定义；还可以通过创建一个全局定义，允许所有人访问相同的数据。这种使用单一的公用数据模型可以确保所有应用产品间的信息和事务处理流程都是准确且一致的。

2. Oracle 电子商务套件的模块组成

从技术角度来看，Oracle 电子商务套件就是一个大的软件包，包含八个业务功能不同的产品系列：财务管理套件、项目管理套件、供应链计划和管理套件、制造业离散管理和流程管理套件、人力资源管理系统套件、CRM 套件、主数据管理套件和应用技术工具。

上面每一个产品系列都由若干独立的应用模块组成。

3. Oracle 电子商务套件的业务结构

Oracle 电子商务套件基于一个统一的数据库，提供了共享统一数据模型的多组织结构。Oracle 电子商务套件给企业提供的是一个具有集成结构的、全面的业务解决方案的程序包，而不是通过系统集成和自定义实现的集成程序包。

　　Oracle 电子商务套件为企业提供了一个集成的、全面的解决方案，包括制造、供应链管理、财务、项目、人力资源管理、市场营销、销售和服务等流程，因此可以对企业进行全面的观察。Oracle 电子商务套件的业务结构如图 11-3 所示。

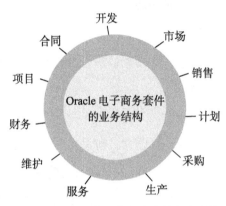

图 11-3　Oracle 电子商务套件的业务结构

4. Oracle 电子商务套件的技术结构

　　Oracle 电子商务套件的技术结构如图 11-4 所示。

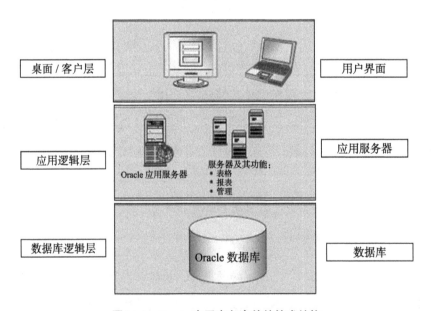

图 11-4　Oracle 电子商务套件的技术结构

（1）桌面 / 客户层：提供用户界面，包括桌面计算机、笔记本或移动设备。其作用是获取信息，并向用户显示信息。

（2）应用逻辑层：负责存放支持和管理各种应用产品组件的应用逻辑。

（3）数据库逻辑层：支持和管理 Oracle 数据库，负责存储和检索应用数据。

11.4　用友公司 NC 产品概述

11.4.1　用友公司及产品简介

用友公司成立于 1988 年，是国内领先的企业管理软件厂商，以及企业移动应用和企业云服务提供商。基于移动互联网、云计算和大数据等先进技术，用友公司的 UAP（Unified Application Platform）私有云平台是目前中国大型企业和公共组织应用广泛的企业计算平台，其下畅捷通公有云平台也在小微企业和各类企业公共应用服务中得到广泛应用。

用友公司的主要产品如下。

1. 用友 NC6

用友 NC6 是面向大型企业集团和成长中的企业集团的信息化需求，定位于大型企业管理与电子商务平台，其综合利用互联网技术、云计算技术和移动应用技术等，通过构建大企业私有云来全面满足企业集团管理、全产业链管控和电子商务运营。其为企业集团提供了一个全新的支持合规化应用需求和创新需求，以及个性化配置、集成、实施、运维和管理一体化的大型企业管理和电子商务平台，不断帮助企业集团创新管理模式，引领商业变革，实现长期发展目标。

2. 用友人力资本管理（Human Capital Management，HCM）

用友 HCM 在帮助企业提高人力资源管理效率、实现业务协同的基础上，将人力资源管理与企业战略相匹配，以服务企业利润的增长、规模的扩张和运营效率的提升为目标，构建高效、稳固的人力资源管理平台。同时，用友 HCM 向客户提供一站式人力资源管理服务，包括人力资源信息化咨询、实施服务、培训及管理咨询，以及信息化落地解决方案在内的整体解决方案等。

3. 用友商务智能（Business Quotient，BQ）

用友 BQ 的系统架构有四层，分别是业务数据层、数据处理与分析数据层、分析服务层和分析展现层，其中数据处理与分析数据层基于数据处理平台构建。用友 BQ 能够帮助企业将各种数据进行快速整合，并根据不同业务分析场景的需要，通过查询、报表、报告、多维分析、仪表板和嵌入式分析等丰富的展示分析手段提供所需信息，快速地响应企业管理和业务变化，为企业搭建一套完善的辅助决策分析体系。同时，随着 IT 技术的快速发展，用友 BQ 还推出了移动智能终端、企业驾驶舱和云平台来满足用户更多、更广、更丰富的交互应用感受。

4. 用友统一应用平台（Unified Application Platform，UAP）

用友 UAP 是用友公司从多年的应用软件研制过程中提炼出来的成果集，包括模型、模板、开发工具、应用框架、中间件、基础技术类库，以及软件方案、实施和运维管理工具等成果，并且以可视化的形式集成在一起；同时，还提供包括覆盖硬件、基础软件等基础设施服务，以及覆盖软件开发、发布、集成、部署、测试、运维和管理等 PaaS 服务的大型企业与组织计算平台。用友 UAP 是一款包含多领域应用的一体化平台，其中包括开发平台、集成平台、动态建模平台、商业分析平台、数据处理平台、云管理平台和运行平台等多个领域产品，这些平台产品涵盖了企业计算平台支撑软件应用的全生命周期和 IT 服务管理过程，为大型企业与组织构建信息化平台提供了核心工具及服务，用于帮助客户构建数据驱动的企业。

5. 用友 U8+

用友 U8+ 是一款面向成长型企业的管理与电子商务平台，其融合了移动、分析、物联、交易支付等新技术，以实时数据驱动企业实现精细化管理，敏捷经营。用友 U8+基于强大的 UAP，面向 10 大行业及 220 个细分行业提供多达 126 个功能模块产品及解

决方案。其向企业提供了前后一体的管理平台，支持多屏部署、跨屏互动与协作；支持
各类企业全生命周期的经营与管理。用友 U8+ 拥有数十万家国内企业实施服务的成功
经验及成熟方法论，其将不同行业、不同领域的最佳管理实践根植于产品中，全面支持
成长型企业在不同管理阶段的管理诉求，以数据驱动企业深度价值创造，实现管理更轻
松、经营更敏捷、决策更智慧、协同更紧密、应用更时尚。

6. 用友产品生命周期管理（Product Lifecycle Management，PLM）

用友 PLM 可以帮助企业实现产品研发及设计过程中业务流程和产品数据的标准化管
理，落地企业产品研发管理体系，改进产品研发业务流程，提高产品数据管理水平。用
友 PLM 在帮助企业实现技术信息化的同时，也为企业以实施 ERP 为主的管理信息化奠定
了基础。用友 PLM 既是企业的产品研发管理平台，也是企业研发、工艺与生产的数据共
享桥梁。

7. 用友 CRM

用友 CRM 为企业提供了 CRM 的全面解决方案。用友 CRM 系统采用互联网应用
模式，支持企业全面电子商务化，其目标是以客户为主要管理对象，基于客户生命周期
的发生、发展，以"一对一营销"和"精细营销"的方法，帮助企业建立"以客户为中
心"的经营理念、组织模式、业务规则及评估体系，全面提升企业的核心竞争力。

8. 用友企业内容管理（Enterprise Content Management，ECM）

用友 ECM 是一款企业协同管理系统。其提供了门户管理、流程管理、知识管理、
公文管理、任务管理、日常办公管理和组织沟通管理等应用，为企业构建一体化的协同
办公提供了统一的平台。用友 ECM 在满足传统协同 OA 及内部协同的同时，融入业务
协同和内外部协助平台应用，突出以人为核心的组织沟通、以业务为主体的全程协作，
关注分享、交流的企业社区环境，重点解决办公与业务的一体化联动，全面协同办公需
求，实现企业完整的闭环管理。

9. 用友电子商务

用友电子商务以核心的制造和流通企业为主体，打通企业内部 ERP 系统与外部合

作伙伴的协作流程，整合上游供应商和下游经销商及最终用户，实现网上交易、在线电子支付及各种商务活动。用友电子商务关注企业在供应链管理方面的竞争力，强调盈利与潜在价值的挖掘，强调对电子商务的整合应用，将物流、信息流和资金流整合到统一平台上。

11.4.2 用友NC产品特点与架构

1. 用友NC产品特点

用友NC是一款面向大型企业集团管理信息化的ERP系统，其以"全球化集团管控、行业化解决方案、全程化电子商务、平台化应用集成"的管理业务理念而设计，采用J2EE架构和集团级开发平台UAP，目前形成了集团管控8大领域、15大行业和68个细分行业的解决方案。

用友NC创立于1997年。从2000年开始，NC第二代逐步包括人力资源、供应链等，形成企业集团完整的全面ERP解决方案。其产品理念是集中管理、协同商务。2010年，用友NC推出的V5.7版本是基于全球化集团管控、行业化解决方案、全程化电子商务和平台化应用集成的产品理念，深化客户经营理念，面向客户价值而设计的。用友公司于2011年推出了第三代产品NC6，于2012年9月发布了V61版。

用友NC6产品具有多级集团管控、全产业链协同、动态企业建模和大企业云平台四大产品特性。其价值主要体现在以下六个方面。

（1）用友NC6支持大型企业集团构建一个支持企业多级集团管控体系和矩阵式多级组织管控体系的一体化信息管控平台。

（2）用友NC6支持企业集团专业化分工和多组织协同运作，产品的管控对象由法人架构进化到业务单元组织架构，实现了从以后台管理为核心到支持前端商业创新的完整业务解决方案的转变。

（3）用友NC6实现了灵活、高效的全球部署和适配企业跨国业务，支持多地域、多币种、多语言和多会计准则，以及多时区、多税制和多劳务制度的要求。通过完善的IT架构设计，用友NC6将管控触角延伸到了企业的各个部分，协同化高效率管理全球化企业运营。

（4）基于供应链系统，结合电子商务通路模式，用友NC6实现了线上与线下交易的创新营销模式，整合企业上游和下游资源，掌控并协同管理全产业链，从而提升效率，共享数据与服务。

（5）用友NC6提供了组织变革、流程优化和集团管控优化，以及资源权限动态管理解决方案，能够满足企业集团不断增加管理创新的需求，并落实到系统的流程中，进而实现适合自己的商业模式创新。

（6）用友NC6可以帮助企业集团构建基于云计算的先进开放的应用平台，为企业集团提供建模、开发、集成、运行和管理一体化的全面信息化解决方案。

2. 用友NC产品架构

（1）用友NC产品体系结构

用友NC产品线是一个产业生态链级的产品体系，其产品线构建在UAP之上，支持多种服务器、操作系统、数据库和多种应用服务器及中间件，支持多种行业标准和开发协议。从应用方面来说，其产品线包括NC核心应用产品、NC行业产品、NC本地化产品及企业客户定制应用等。通过集成平台，可以实现与客户现有应用系统的整合。

（2）用友NC产品技术架构

用友NC产品技术架构包括存储层、数据访问层、业务层、展现层和客户端。

① 存储层包括管理软件需要的文件、数据库、数据仓库、消息库和事件信息库等的存储与管理。

② 数据访问层包括数据的持久化框架。该框架使用结构化查询语言翻译器，实现了适配多种数据库的访问；查询框架用于支持查询和报表的数据访问；分析引擎实现了对多维数据的访问；通过服务代理实现了对异构系统服务的访问。

③ 业务层包括领域层和应用层。领域层包括业务操作、业务规则和业务对象等业务模型信息；应用层包括与具体功能相关的应用服务、应用逻辑或规则。分离领域层和应用层有利于对领域模型的抽象和不断精化，也有利于实施人员快速构建或调整产品，以满足企业发展变化的管理需要。

④ 展现层主要包装与展现相关的模型、展现控制逻辑及需要的展现服务，这些可

以应用到各种端。

⑤ 客户端支持如智能客户端、移动客户端及一些特定领域设备等，实现了企业用户与用友 NC 系统随时随地互连。

11.4.3　用友NC6核心业务功能与应用领域

用友 NC6 核心业务功能包括企业绩效管理、财务会计、资金管理、管理会计、供应链、资产管理、项目管理、生产制造、供应商管理、财务共享服务、电子商务和渠道管理，可以帮助大型企业集团实现基于集团战略的由上而下的集团管控，帮助企业集团实现横向的、面向商业流程的实时协同运营，服务企业互联网化。

用友 NC6 产品的应用领域如表 11-2 所示。

表 11-2　用友 NC6 产品的应用领域

产业链统一营销服务平台	集团采购及供应商协同管理平台	集团协同计划与制造	多级集团财务管控
一体化的集团资金管控平台	全面的集团预算与计划体系	全生命周期的集团资产管理	多组织费用管理
企业集团内控与风险管理	多模式利润中心	全面实时成本管理	全程化电子商务
集团数据中心与商业分析平台	多集团人力资本管理	国际化应用	企业协同与移动应用
随需而变的企业动态建模	多系统集成应用平台	—	—

11.5　金蝶软件公司 ERP 产品概述

金蝶软件公司创立于 1993 年，设有深圳、上海和北京三个软件园。金蝶软件公司的主要产品包括金蝶云苍穹、金蝶 EAS、金蝶 K/3、金蝶 KIS 和金蝶 K/3 Cloud。

1. 金蝶云苍穹

金蝶云苍穹是由金蝶软件公司自主研发的企业云管理产品，于2018年8月13日正式发布。金蝶云苍穹是自主可控及云原生架构的大企业云服务平台，平台提供员工服务云、财务云、人力云、采购云、制造云、销售云、物流云和渠道云等完整的软件即服务及基于云原生的企业级PaaS服务。

2. 金蝶企业应用套件（Enterprise Application Suites，EAS）

金蝶EAS是企业集团的一体化全面管控解决方案，适用于资本管控型、战略管控型及运营管控型的企业集团。金蝶EAS为资本管控型的多元化企业集团提供财务、预算、资金和高级人才的管控体系，为战略管控型的企业集团提供集团财务、企业绩效管理、内控与风险的全面战略管控，为运营管控型的企业集团提供战略采购、集中库存、集中销售与分销、协同计划及其复杂的内部交易和协同供应链的集成管理。

3. 金蝶K/3

金蝶K/3是为中小型企业量身定制的企业管理软件。金蝶K/3集财务管理、供应链管理、生产制造管理、人力资源管理、CRM、企业绩效、移动商务、集成引擎及行业插件等业务管理组件为一体，以成本管理为目标，以计划与流程控制为主线，通过对目标责任的明确落实、有效地执行过程管理和激励，帮助企业建立人、财、物、产、供、销等科学完整的管理体系。

4. 金蝶KIS（Keep It Simple）

金蝶KIS是面向小微企业的日常经营管理信息化研发的一系列软件的总称，其软件种类齐全，能够全面满足小微企业的不同阶段、不同功能的需求，帮助企业建立规范的业务流程，提升管理能力，降低管理和经营成本，增强企业竞争力。2012年，金蝶KIS产品采用最新的云计算、社交网络、移动技术，增加云管理服务功能应用，在原有软件的基础上开发了手机、iPad等移动应用。新一代金蝶KIS软件实现了所有客户端的全覆盖，可以随时随地处理业务，并及时了解自己的企业经营、库存等数据，同时很多管理流程也可以在手机上直接完成。

5. 金蝶 K/3 Cloud

金蝶 K/3 Cloud 是互联网时代的新型 ERP，是基于 Web 2.0 与云技术的新时代企业管理服务平台。整个产品采用面向服务架构，完全基于金蝶业务操作系统平台组建而成，业务架构上贯穿流程驱动与角色驱动思想，结合中国管理模式与中国管理实践积累，精细化支持企业财务管理、供应链管理、生产管理、人力资源管理和供应链协同管理等核心应用。在技术架构上，该产品采用平台化构建，支持跨数据应用，支持本地部署、私有云部署与公有云部署三种部署方式，同时还在公有云上开放了中国第一款基于 ERP 的云协同开发平台。任何一家使用金蝶 K/3 Cloud 产品的企业，其拥有的是包含金蝶在内的众多基于同一个平台提供服务的服务伙伴。

金蝶 K/3 Cloud 除了具备纯 Web 应用、跨数据库应用和云应用等新兴特性，该产品在多组织协同应用、多核算体系应用、多账簿应用、多会计政策应用、多组织结算应用、业务流程设计及弹性域与辅助属性应用等多个当代制造业管理焦点与难点应用上都做出了高价值创新，可深度且超预期支撑企业管理创新、技术创新、服务转型、内外部协同及核心竞争力再造等核心需求。金蝶 K/3 Cloud 以其独特的"标准、开放、社交"三大特性为企业提供开放的 ERP 云平台，支撑企业全生命周期管理需求。

 习题

一、概念解释

请对以下概念做出正确解释：R/3、Oracle 电子商务套件、金蝶 EAS。

二、选择题

1. ERP 系统行业标准在（　　　　）部分给出了对供应商及实施队伍进行考察评估的依据。

A. ERP 产品研发技术要求　　　　　B. ERP 产品服务技术要求

C. ERP 产品功能技术要求　　　　　D. 以上都不是

2. R/3 是一个（　　　）ERP 系统。

A. 开放的　　　　　　　　　　　B. 开放系统的

C. 集成的　　　　　　　　　　　D. 以上都不是

3. Oracle 电子商务套件的业务结构包括（   ）。

A. 合同   B. 市场

C. 计划   D. 以上都不是

4. 用友 NC6 是（   ）。

A. 第一代产品   B. 第二代产品

C. 第三代产品   D. 第四代产品

5. 金蝶 EAS 是企业集团的一体化全面管控解决方案，适用于（   ）的企业集团。

A. 资本管控型   B. 战略管控型

C. 运营管控型   D. 以上都不是

三、简答题

1. ERP 系统行业标准包括哪些内容？

2. R/3 有什么特点？

3. Oracle 电子商务套件有什么特点？

4. 用友 NC 产品有什么特点？

5. 金蝶 K/3 Cloud 有什么特点？

四、案例分析题

2009 年 2 月，某农村商业银行（以下简称"甲方"）与某网络公司（以下简称"乙方"）签订了合同金额为 520 万元的 Oracle ERP 项目。同年 3 月初，乙方就派去了现场实施顾问，但到月底，因为缺乏相关行业经验，实施团队毫无头绪，整整一个月没有得到任何有价值的成果。因此，乙方派去的实施顾问遭到甲方的强烈质疑和反对，更重要的是这些实施顾问并不是原定合同上要求到场的人。合同上要求的实施顾问都是前期参与了项目招标和讲标，参与了商业谈判的第三方的技术公司的资深顾问。项目签单后，由于乙方更换了 ERP 事业部的负责人，因此派去的实施顾问变成了前文所说的另外一批人。不得已，乙方只得请回合同上要求的第三方实施顾问，并重新派驻现场。

乙方为了赢得甲方 ERP 项目的项目合同，还和另外两家公司签订了总价值达 249 万元的技术服务合同。其中，和某科技有限公司签订的是价值高达 145 万元的 Oracle 技术服务合同。该合同是甲方指定要求乙方与之签订的，根据合同约定，某科技有限公司需要负责甲方 ERP 项目 Oracle 技术常规服务、应急服务，而该公司的人员从来没有在实施现场出现过。

该项目合同中需要给甲方实施的有 Oracle 财务软件和 Oracle 管理会计软件两大模块，根据 Oracle ERP 软件的计费方式，财务管理模块部分甲方只有 25 个用户，按照 Oracle 官方的销售价格，考虑折扣和税点，整个基础软件的费用为 140 万元。

2009 年 7 月，甲方不顾已签的合同金额为 520 万元的 Oracle ERP 项目，在合同签订后不到三个月内，和乙方签订协议，正式解除该 ERP 项目的实施合同执行。

根据上述资料回答以下问题。

1. ERP 项目实施不到三个月就终止，原因是什么？

2. Oracle ERP 软件采用什么销售模式？其弊端是什么？

第12章

企业 ERP 系统实施相关技术

知识框架图

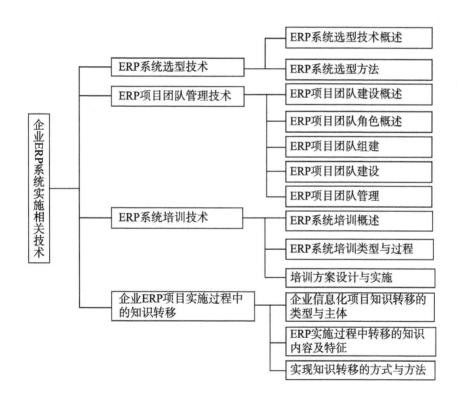

学习目标

1. 了解 ERP 系统选型的工作目标和内容。

2. 了解 ERP 项目团队的人员构成及组建方法。

3. 了解 ERP 系统培训类型与过程。

4. 了解企业信息化项目知识转移的类型与主体。

5. 了解实现知识转移的方式与方法。

引例

Z 公司 ERP 选型

一、公司背景介绍

Z 公司是一家生产小家电，集技、工、贸于一体的外向型民营企业。Z 公司的产品分灯类和煲类两大类，主要外销，2004 年才开始进军国内市场。企业实行区域经销制，海外市场按订单方式组织生产，国内市场以销售预测生产为主。因公司业务飞速发展，公司把主要精力放到了完成订单上，未进行系统的管理变革。对民营企业来说，年销售额达两三亿元时就会面临发展的一个坎，问题会越来越多：一方面库存积压、有料却找不到；另一方面生产线停工待料，成本上升，管理人员忙于"救火"。这些已成为公司的普遍问题，仅靠手工操作和增加人力是不能彻底解决问题的。对于一家劳动密集型的家电制造公司，当年增长率低于 30% 时就已经非常危险了。所以，公司领导不得不考虑借助 ERP 打造制造系统的信息共享平台。

二、项目选型重在知己知彼

由于公司缺少懂 ERP 技术的人员，大家都不知道从何处入手。公司一开始考虑请高校定制开发，认为这样开发的系统更符合公司实际，但这种方式开发周期长、投入大、成功率低，故公司决定购买现成软件，并通过公开招标选择优秀的实施顾问公司。

在相关媒体上发布招标信息后，许多 ERP 软件供应商应标。经反复比较后，公司对每一家公司都有了更客观、更全面的认识。通过初步筛选，公司确定与天思华迪、神州数码、用友公司和四班公司进行实质性的沟通，并邀请它们来公司面谈和进行产品演示。各 ERP 软件供应商一般会派一名销售顾问前来，通过几天的接触，公司基本对产品适用性、顾问水平方面有了一个大致的了解。由于公司各部门所关注的角度不同，因此在演示过程中需要结合各部门提出的问题进行重点演示，最好是准备一个产品 BOM

输进系统演示。

另外，不能仅听 ERP 软件供应商的叙述，还要亲自实地考察。在这一过程中，公司的 ERP 选型小组始终坚持公平、公正、公开的原则，让每一个参加投标的 ERP 软件供应商都尽可能把最真实的情况展示出来。在实地走访座谈中，ERP 选型小组都是带着问题去谈，回来后都会整理成选型报告递交公司领导。经过四个月的反复沟通，公司从产品性能、公司背景实力、顾问经验水平、服务能力和价格等多个方面进行综合评估，最终确定四班公司作为公司 ERP 项目合作实施方。

问题

1. Z 公司实施 ERP 项目的动因是什么？

2. ERP 选型小组从产品性能、公司背景实力、顾问经验水平、服务能力和价格等多个方面进行综合评估确定公司 ERP 项目合作实施方是否合理？

3. ERP 选型小组为什么能成功完成 ERP 选型任务？

12.1　ERP 系统选型技术

12.1.1　ERP系统选型技术概述

ERP 系统选型是指企业在拟选定 ERP 系统前所做的一系列活动，包括对 ERP 产品、ERP 软件供应商的调查、比较、分析和评估，然后选择适合的 ERP 产品和 ERP 软件供应商商。需要强调的是，企业 ERP 系统选型一定要基于客观的需求分析和系统规划，还要结合企业自身的信息化投入预算。ERP 系统选型时具体需要考虑以下几点。

1. 确定 ERP 系统选型目标

ERP 系统选型必须基于企业的 IT 战略规划。IT 战略规划是为满足企业经营需求、实现战略目标，由高层领导、信息系统技术专家和信息系统用户代表根据企业总体战略的要求，对企业信息系统的发展目标和方向所制定的基本目标。表12-1列出了企业信息技术应用中的常见战略。

表 12-1　企业信息技术应用中的常见战略

常见战略	措施
成本领先	大幅削减业务流程成本
	降低客户或供应商的成本
差异化	开发新的产品和服务，使其与众不同
	减少竞争对手的优势
	使企业的产品和服务在特定的市场环境中成为被关注的焦点
创新	开发具有 IT 要素的新的产品和服务
	开发新市场
	优化业务流程，以大幅削减成本，提高质量和效率
成长	管理区域性及全球性的商业扩张
	使产品和服务多样化，并与其他产品和服务整合起来
建立联盟	创建虚拟组织
	应用互联网开发跨企业信息系统，使其支持企业与客户、供应商等相关企业间的战略伙伴关系
其他	投资先进的 IT 应用，建立市场进入壁垒
	发挥信息系统的杠杆效应，使人员、硬件、软件和网络等资源由常规使用转变为战略性应用

对大多数企业来说，借助 ERP 软件是提升基础管理，加强业务运作的规范性，向基础管理要效益的最佳手段。企业运用 ERP 系统实现部门信息化、业务财务运作一体化、生产销售一体化、过程控制一体化和决策一体化各个目标需要一个循序渐进的过程。企业在进行信息化规划时，一定要明确借助信息化解决的管理瓶颈问题、需要系统应用的业务范围和部门范围，明确具体的信息化应用需求和目标。

2. 选择合适的 ERP 软件供应商

ERP 系统的复杂性决定了实施的长期性。因此，首先要考虑选择具有广泛行业知识、有完整和长期的服务计划、全面技术支持、稳定财务结构的 ERP 软件供应商，这是成功的重要保障。

在实施服务方面，重点要考虑 ERP 系统实施服务质量和 ERP 软件供应商合作态度。

对于 ERP 系统实施服务质量，一个可行的考察方法是考虑签约客户的实施结果、实施工作水平和实施顾问水平；对于 ERP 软件供应商合作态度，可以通过签约企业反映，从客户满意度、ERP 软件供应商对用户的技术支持是否及时、有效等方面进行考察。

ERP 在国内已发展多年，大部分企业较接受的是"成熟套装软件＋专业的实施团队＋适当的个性化定制开发"路线。在这种情况下，根据企业的管理特点和建设目标，进行个性化开发是很有必要的，但成熟软件与开发的比例越大，项目风险就越小。对于某些重点行业，如机械、电子、冶金、汽配和化工等行业，许多 ERP 软件供应商已经形成了一定的行业解决方案。这些行业解决方案不仅满足了企业标准应用，也对行业化应用进行了提取和升华，基本能够满足某一行业的个性化应用要求。

专业的咨询公司根据行业内的大量的实施经验，总结出来的"最佳模式"具有很强的参照意义。这些专业的咨询公司往往根植于某些特定的行业，就像医院里的专科大夫，对于亟待改善管理水平的企业方来说，可谓良师益友。

另外，根据企业自身的管理特点，也可以靠基于平台的二次开发或代码级二次开发来解决自身的一些个性化的管理需求。这样，企业在 ERP 系统选型时就已经具备了对 ERP 软件供应商成熟软件系统的交流条件，企业 ERP 系统选型如果能够有成熟的行业化方案满足应用，就尽可能不要走"平台化定制开发"的路线，特别是当这家 ERP 软件供应商没有在同行业成功实施过时，风险会更大。通过软件产品必要的业务流程展示来验证 ERP 软件供应商对企业所在行业的理解程度和软件在同行业应用的成熟度，将有助于避免企业信息化建设的产品风险和个性化开发风险。

3. 明确企业自身情况

企业现有系统的问题将会影响 ERP 系统的选择。如果现有系统非常复杂，使用多个平台和不同程序，那么企业在导入 ERP 之后面临的技术和组织上的改变将会很大。为此，企业必须要有进行变革的心理准备，并选择能和现有系统有效集成的 ERP 系统。从需求角度来看，ERP 系统的选择要与企业的需求相适应。

企业的需求具有层次性，高层需求是企业的 IT 战略规划，即 ERP 系统选择要与企业的发展战略一致，要有利于企业目标的实现；低层需求是企业的具体需求，ERP 系统选择的标准就是适应企业的具体需求，避免出现 ERP 实施过程中投资不足和投资过渡的现象。从企业规模和类型来看，由于不同规模的企业具备不同的特点，具体而言，大型企业内部分工较细，而中小型企业内部分工较粗，这必然会产生不同的内部需求。因此，企业规模也是 ERP 系统选型时需要考虑的因素。此外，还必须考虑所处行业和生产类型对 ERP 系统选型的影响。

4. 确定合理的项目预算

项目预算主要包括软件价格、维护费用、教育培训费用、项目咨询费用、必要的基础设施费用和其他实施费用等。尽管知名 ERP 软件供应商拥有强大的财务支持，且具备足够的持续改良产品的能力，但这些 ERP 软件供应商的软件往往售价较高，ERP 导入过程更加复杂，这意味着选择这类软件会产生较多的维护费用和教育培训费用。项目咨询费用是企业为成功实施 ERP 项目，在选择和规划系统实施过程中聘请咨询顾问的支出，通常占整个项目投资的 10% ~ 20%。必要的基础设施费用包括购买计算机、打印机、网络设备，以及操作系统和数据库管理系统的费用。其他实施费用包括雇佣临时雇员或为现有雇员支付加班费用等。企业实施 ERP 的预期效益可以通过内部收益率及动态投资回收期等间接衡量。其中，内部收益率是使成本和效益在确定的计算期内持平的贴现率；动态投资回收期是指在考虑了资金、时间价值的基础上，以标准贴现率计算出来的成本回收期。

企业应用 ERP 既要避免大手笔投入不计成本，也不能过于计较成本而影响项目的质量和工期。企业应根据信息化战略制定合理的、长期的信息化预算。

12.1.2　ERP系统选型方法

1. 5S 选型法

5S 选型法中的 S，是 Stage（阶段）的首字母缩写。5S 选型法就是将整个 ERP 系统选型过程规范为 5 个阶段，即准备阶段、考察阶段、模拟阶段、招标阶段和决策阶段。

（1）准备阶段的主要目标是找出企业当前存在的问题、明确企业内部需求和组建 ERP 系统选型团队。

（2）考察阶段的主要任务是对整个 ERP 系统市场进行全面的实地考察，得到第一手的 ERP 系统资料。

（3）模拟阶段的主要工作内容是 ERP 软件供应商根据用户提供的整套业务数据，在用户按照 ERP 软件供应商要求布置的会议室中模拟 ERP 系统的实际运行。

（4）招标阶段是一个典型的商业运行阶段，是公开采购 ERP 系统的一种表现形式。从法律角度来看，招标过程是一个较规范的商业过程。

（5）决策阶段的工作任务是根据评标结果确认中标 ERP 系统的过程。

2. PIECES 方法

PIECES 方法是一种效果显著的分析企业中存在的问题的方法。PIECES 方法的名称是 6 个英文单词的首字母缩写：P 是 Performance 的缩写，表示提高系统的性能；I 是 Information 的缩写，表示提高信息的质量和改变信息的处理方式；E 是 Economics 的缩写，表示改善企业的成本、效益等经济状况；C 是 Control 的缩写，表示提高信息系统的安全和控制水平；E 是 Efficiency 的缩写，表示提高企业的人、财、物等使用效率；S 是 Service 的缩写，表示提高企业对客户、供应商、合作伙伴及客户等的服务质量。

（1）性能用于描述企业当前的运行效率，可以分析当前业务的处理速度。性能的两个主要指标分别是吞吐量和响应时间。其中，吞吐量表示单位时间内处理的业务量，响应时间表示完成一项业务所耗费的平均时间。例如，对订单来说，如果分析单个订单从订单签订到交付产品需要的时间，那么这是响应时间的问题。如果订单的响应时间远远超过本行业的平均响应时间，那么企业在完成订单任务过程中存在严重的性能问题。吞吐量则是换个角度研究性能问题。例如，某个生产自行车的企业，其每个月平均完成价值 1 000 万元的 5 万辆自行车，那么其可以使用吞吐量指标进行描述。

（2）信息和数据指标用于描述业务数据的输入、输出及处理方面存在的各种问题，可以针对某一个具体的业务进行询问。一般情况下，当数据在输入和处理过程中时依然被称为数据，但是当数据处于输出位置时则被称为信息。

（3）经济指标主要是从成本和收益的角度分析企业当前存在的问题。例如，如果企业中的某项业务或产品的成本无法计算出来，那么该企业显然存在严重的成本问题；如果新的市场需求已经形成，但是企业却没有从提供满足这种新的需求的产品或服务中获取收益，那么该企业也存在严重的收益问题。

（4）控制和安全指标用于描述安全性机制和控制手段的数量。如果安全性机制和控制手段的数量过少，那么其中的一种表现形式为输入的数据不完整或缺少输入数据。例如，在填写人事基本情况的表格中，漏填了性别和出生日期这类重要的信息，但是这种表格居然也被接受了。在企业的某项业务中，如果需要 10 多个人的签字，那么表示安全性机制和控制手段的数量太多，导致业务的处理速度大大降低。

（5）效率指标用于判断企业的业务中是否存在浪费时间、物料和人力资源等现象。

（6）服务指标主要从业务结果角度来分析企业当前系统存在的问题。企业信息既可能是手工处理的业务系统，也可能是基于计算机的信息系统。

3. FACE 方法

FACE 方法是评价 ERP 系统的一种技术。FACE 方法的名称是 4 个英文单词的首字母缩写。

（1）F 是 Functionary 的缩写，表示对 ERP 系统满足企业业务需求的功能模块、运行性能及定制方面的评价。

（2）A 是 Assurance 的缩写，表示对 ERP 系统提供的产品质量、服务水平方面的评价。

（3）C 是 Cost 的缩写，表示对 ERP 系统的价格、总拥有成本方面的评价。

（4）E 是 Environment 的缩写，表示从运行环境、技术发展趋势等方面对 ERP 系统进行评价。

FACE 方法的指标框架如图 12-1 所示。

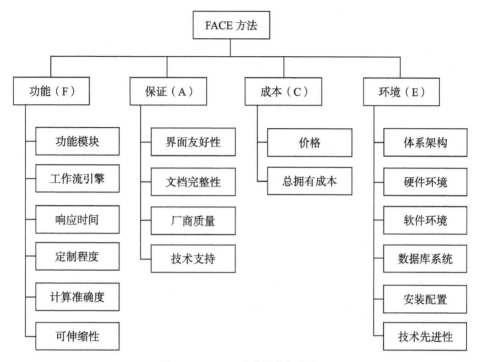

图 12-1　FACE 方法的指标框架

12.2　ERP 项目团队管理技术

12.2.1　ERP项目团队建设概述

ERP 系统实施是一项复杂而艰巨的项目，其最终的完成需要依靠许多人的共同努力。ERP 项目团队在 ERP 系统实施过程中起着十分关键的作用。ERP 项目团队由许多成员组成，这些成员共同努力形成的合力是 ERP 系统实施项目成功的基础，因而 ERP 项目团队管理至关重要。

ERP 项目团队负责 ERP 系统的具体实施工作，它在整个 ERP 系统实施过程中起着决定性的作用。ERP 系统的实施其实就是以 ERP 系统为核心的整个管理思想的实施。

实施过程中出现的大量技术问题和管理问题的最终解决需要靠 ERP 项目团队成员发挥个人聪明才智。ERP 项目团队是联系用户企业、管理咨询公司及 ERP 软件供应商的桥梁。从人员的技术结构来看，ERP 项目团队既包括 ERP 系统技术人员，也包括企业管理人员。对 ERP 项目团队来说，既懂 ERP 系统技术知识，又有丰富的企业管理经验的复合人才是最适合的成员。ERP 项目团队中成员的数量并没有一个普遍的规定，成员数量的多少与 ERP 系统实施项目的复杂程度有关。如果项目规模大，ERP 项目团队成员数量就较多；如果项目规模小，ERP 项目团队成员数量就较少。

12.2.2　ERP项目团队角色概述

ERP 项目团队包含三类角色，即管理类角色、实施技术类角色和支持类角色。这三类角色从不同角度完成 ERP 项目团队的工作。

1. 管理类角色

在管理类角色中，至少包括团队领导者角色和团队经理角色。

（1）团队领导者角色。能胜任团队领导者角色的人应该反应敏捷，对 ERP 系统在本行业的发展有一个全面的认识。团队领导者明白企业为什么要进行 ERP 系统的实施，知道如何说服企业的高层管理人员接受和支持 ERP 系统的实施，并且获得足够的资金支持。团队领导者必须能从多个角度描述 ERP 系统实施项目的工作。团队领导者掌握整个实施团队工作需要的资金，懂得团队与团队外部合作的重要性。在实际的 ERP 实施项目中，项目总监就属于这类角色。

（2）团队经理角色。与团队领导者不同的是，团队经理不需要有全能的机智，但需要有良好的组织技巧与高水平的管理能力。团队经理应该将时间花费在 ERP 系统实施项目的计划和工作指导上，必须了解和检查实施项目的所有细节，制订项目计划，每天检查计划的执行情况。在实际的 ERP 实施项目中，项目经理就属于这类角色。

2. 实施技术类角色

实施技术类角色主要是那些负责 ERP 系统实施技术的行业专家，这些专家必须具备两方面的能力：一是具有业务领域的专业知识，二是具有在该行业领域实施 ERP 系统的丰富经验。

在 ERP 项目团队的实施技术类角色中，至少应该包括六种类型的专家角色，即生产运作管理和实施专家角色、财务管理和实施专家角色、人力资源管理和实施专家角色、市场营销和实施专家角色、质量管理和实施专家角色、ERP 系统基础数据编码和采集专家角色。在实际的 ERP 实施项目中，实施顾问就属于这类角色。

3. 支持类角色

支持类角色是指在 ERP 系统实施团队中起辅助作用的角色，这些角色是确保整个 ERP 项目团队顺利工作不可缺少的重要因素。虽然支持类角色不是决策者，也不是实施专家，但是他们是决策者和实施专家正常工作的得力助手。支持类角色包括系统分析员角色、程序员角色、硬件和网络管理员角色、数据库管理员角色、ERP 系统教育和培训教师角色、技术文档编写员角色、会议记录和计时员角色等。

12.2.3 ERP项目团队组建

ERP 项目团队负责项目的管理和领导活动。ERP 项目团队通常由实施方和企业方的项目经理组成。ERP 项目团队由为完成项目而承担不同角色与职责的人员组成。随着项目的进展，ERP 项目团队成员的类型和数量可能频繁变化。ERP 项目团队成员有不同的角色和职责，为了更好地开展项目，项目发起人应该与 ERP 项目团队一起工作，特别是协助项目筹资、明确项目范围、监督项目进程及影响他人。

需要注意的是，在组建 ERP 项目团队过程中，项目经理或项目团队应该进行有效谈判，并影响那些能为 ERP 项目提供所需人力资源的人员。不能获得项目所需的人力资源，可能会影响项目进度、预算、客户满意度、质量和风险，可能会降低项目成功概率。

ERP 项目团队成员角色及其职责如下。

1. 实施方项目总监的职责

（1）建立与执行项目实施程序、原则标准。

（2）负责项目责任的清楚定义和理解。

（3）负责保证项目团队成员在团队内有效工作。

（4）负责监督项目实施质量。

（5）负责审核项目验收报告。

2. 实施方项目经理的职责

（1）确定项目团队成员的角色和责任。

（2）拟定工作任务的落实。

（3）拟定项目进行方法。

（4）拟定项目各项任务时程表。

（5）与企业方项目经理编制定期项目进度报告。

（6）拟定项目里程碑及完成事项。

（7）协调和控制项目活动的进展与进度。

（8）组织召开项目会议。

（9）与项目最高主管及项目经理保持联系，为他们提供项目进度及相关信息。

3. 实施方实施顾问的职责

（1）负责提供可落实的实施建议和解决方案。

（2）负责系统方案的测试和跟进。

（3）负责系统方案的切换。

（4）在总体上协调应用组工作。

4. 企业方项目总监的职责

（1）定期参加项目进度汇报例会。

（2）定期或不定期地与实施方项目经理进行沟通，了解项目进展。

（3）定期或不定期地组织企业高层管理人员听取客户方项目经理的项目进度报告

（4）了解项目遇到的困难。

（5）督促人力资源部建立项目实施效果与个人业绩考核挂钩的标准。

（6）积极推动企业的变革管理，协调企业内部矛盾。

（7）大力支持项目团队成员的工作，定期与项目团队成员沟通，了解其想法。

（8）积极理解 ERP 系统运作可能带来的收益，以及可能给管理和业务运作带来的变更。

（9）协调 ERP 系统实施过程中带来的业务运作方面的矛盾，推动 ERP 系统的实施进程。

（10）检查考核项目组织实施工作，审批和保证项目投资落实，确保项目实施按计划进行。

（11）负责实施项目形成的管理制度、规程的审批。

（12）决定对与项目相关部门及责任人的奖惩。

（13）负责项目验收和监督系统切换运行。

5. 企业方项目经理的职责

（1）负责协调项目资源分配。

（2）定义项目团队成员的角色和责任。

（3）协助拟订导入计划。

（4）拟定项目进行方法。

（5）拟定项目各项主要工作时程表。

（6）与实施方项目经理编制定期项目进度报告。

（7）拟定项目里程碑及完成事项。

（8）协调和控制项目活动的进展与进度。

（9）组织召开项目会议。

（10）与项目最高主管及实施方项目经理保持联系，为他们提供项目进度及相关信息。

6. 企业方应用组关键用户的职责

企业方应用组由职能部门业务人员（关键用户）及实施顾问组成，按照业务部门来划分。应用组成员负责完成各需求点的分析、业务咨询和方案讨论的工作。应用组是实际用户和系统人员之间的桥梁和纽带。

7. 企业方技术组 IT 人员的职责

企业方技术组由 IT 部门技术人员组成。技术组成员负责完成系统和数据库的维护、网络配置、调试、报表开发和系统权限设置的工作。

12.2.4　ERP项目团队建设

建设 ERP 项目团队是提高工作能力、促进团队成员互动、改善团队整体氛围、提高项目绩效的过程。建设高效的 ERP 项目团队是项目经理的主要职责之一。

建设 ERP 项目团队的目标包括提高团队成员的知识和技能、提高团队成员之间的信任和认同感、创建富有生气和凝聚力的团队文化。为了做好 ERP 项目团队建设，项目经理需要具备一些软技能，具体如下。

1. 领导力

成功的项目需要强有力的领导技能。领导力在项目的生命周期中的所有阶段都很重要，同时对沟通愿景及鼓舞 ERP 项目团队成员高效工作特别重要。

2. 影响力

在弱矩阵组织结构环境中，项目经理对 ERP 项目团队成员往往没有或只有很小的命令职权，所以他们会适时影响干系人的能力，对保证项目成功非常关键。

3. 沟通能力

在沟通时，如果项目经理说只有少数人能听得懂的缩略语、专业术语和行话，那么很难达到顺畅沟通的目的。

4. 主次分明

确认项目任务的优先级是项目经理一个很关键的软技能。项目任务繁杂，只有先确认好项目的优先顺序，把握好项目节奏，才能很好地带领团队成员解决问题，否则"胡子眉毛一起抓"，只会让团队一团糟。

5. 专业技能

ERP 项目经理需要了解业务流程和相关的财务知识。从理论上来说，ERP 项目团队建设通常要依次经过以下五个阶段。

（1）形成阶段。在这一阶段，ERP项目团队成员相互认识，并了解项目情况及各自在项目中的正式角色与职责。ERP项目团队成员倾向于相互独立，不太可能开诚布公。

（2）震荡阶段。在这一阶段，ERP项目团队开始从事项目工作，制定技术决策和讨论项目管理方法。如果ERP项目团队成员对不同观点和意见不能采取合作、开放的态度，那么团队环境可能恶化成破坏性的。

（3）规范阶段。在这一阶段，ERP项目团队成员之间开始协同工作，并按团队的需要调整各自的工作习惯和行为。

（4）成熟阶段。在这一阶段，ERP项目团队成员之间相互依靠，平稳、高效地解决问题。

（5）解散阶段。在这一阶段，ERP项目团队完成所有工作，团队成员离开项目。

12.2.5　ERP项目团队管理

要管理好一个ERP项目项目团队，完整的人员体系规划、事前的规避、非正式沟通及项目经理的绝对权利是关键。因此，可以从以下四个方面对ERP项目团队加强管理。

1. 完整的人员体系规划

在进行完整的人员体系规划时，首先必须淡化人格特质的影响。一个ERP项目团队中，有的成员的工作能力突出，但是工作积极性不高，这时除了需要解决体制问题，以激励机制来促进其工作的积极性，还需要制订详细的工作计划。其次要检查工作计划。在一个新组建的ERP项目团队中，每位成员的能力都很突出，但是在监督方面却没有做到位，更好的办法就是每日检查团队成员的工作计划的完成情况。最后要进行有针对性的培训。培训要根据项目的类型和人员结构的不同开展有针对性的培训。

2. 冲突管理

在项目环境中，冲突不可避免。冲突的来源包括资源稀缺、进度优先级排序和个人工作风格的差异等。采用团队规则、团队规范及成熟的项目管理实践（如沟通规划和角色定义），可以减少冲突的发生。

成功的冲突管理可以提高生产力，改进工作关系。如果管理得当，意见分歧会有利于提高创造力和做出更好的决策。如果意见分歧成为负面因素，首先应该由 ERP 项目团队成员负责解决。如果冲突升级，项目经理应提供协助，促成满意的解决方案。项目经理应该采用直接和合作的方式，尽早并尽量在私下处理冲突。为了处理 ERP 项目团队中的冲突，项目经理应该认识到冲突和冲突管理过程具有以下特征。

（1）冲突是正常的，它迫使人们寻找解决方案。

（2）冲突因团队而存在。

（3）开诚布公有利于解决冲突。

（4）解决冲突应对事不对人。

（5）解决冲突应着眼于现在而非过去。

项目经理的解决冲突的能力，往往在很大程度上决定着其管理 ERP 项目团队的成败。不同的项目经理可能有不同的解决冲突的风格。影响冲突解决方法的因素如下。

（1）冲突的相对重要性与激烈程度。

（2）解决冲突的紧迫性。

（3）冲突各方的立场。

（4）永久或暂时解决冲突的动机。

常用的解决冲突的方法如下。

（1）撤退 / 回避：从实际或潜在冲突中退出。

（2）缓解 / 包容：强调一致而非差异。

（3）妥协：寻找能让全体当事人在一定程度上满意的方案。

（4）强迫：以牺牲其他方为代价推行某一方的观点，只提供赢输方案。

（5）合作：综合考虑不同的观点和意见，引导各方达成一致意见并加以遵守。

（6）面对 / 解决问题：通过审查备选方案，把冲突当作需要解决的问题来处理，需要以"取舍"的态度进行公开对话。

3. 沟通管理

从某种程度上来说，冲突也是必要的。针对事件的冲突，可以让团队成员建立一种工作的状态。当然，冲突的建立必须以工作为前提。每天的沟通在加强团队成员了解方面起着重要作用。团队成员针对问题，发表个人意见和观点。同时，通过一些活动，逐渐在团队成员脑海中形成一种习惯，在发生冲突时，仅限于事，而不是人。在一些人员的语言技巧及一些相关字眼使用方面，采取非正式的沟通，让团队成员在今后的相处上更加和谐。

4. 授权管理

项目经理一般具有以下几种权利：职位权，即公司对其职位的定位；强制权，即向团队成员下命令的权利；奖励惩罚权利，即全面控制能力；专家权力，即专业领域能力强，让人信服；参照权利，即评审和汇报权。如何做好授权管理呢？可以从以下四个方面着手。

（1）明确人员职责

如果人员职责不明确，很容易造成项目团队内部管理混乱。人员职责的划分一方面要明确，而且不宜经常变动；另一方面，在人员职责划分的同时，要与涉及的相关人员进行沟通，在了解情况的同时给大家以尊重。对于涉及面较广的职责划分，最好通过开会的形式确定。

（2）构建项目团队的信任

要构建项目团队的信任，应该从组织与团队、团队与成员及团队成员之间三个方面考虑。在信任的构建过程中，应时刻记住信任的四个要素，即获得成效、一致性、诚实和表现关注。其中，获得成效就是能实现他人的期望；一致性是指言行一致，恪守承诺；诚实是指品性真诚和正直，为人坦白；表现关注就是对其他人表现出关注。

（3）建立有效的项目跟踪和反馈机制

通过有效的项目跟踪和反馈，可以及时了解项目进展过程中遇到的各种困难和问题，一方面可以及时帮助团队成员解决与处理遇到的各种困难和问题，及时纠正授权偏差；另一方面有利于积累困难和问题的处理经验。

另外，通过有效的项目跟踪和反馈，可以及时掌握项目的相关信息。这些信息包括客户对项目的满意度、高层领导对项目的满意度、团队成员的满意度及项目成本管理情况等，它们有助于团队进一步保持与客户、组织之间的良好关系，有助于 ERP 项目团队合理地安排进度，从而有助于对项目成本的进一步控制和核算，因为任何进度的失误都将影响项目的人力资源成本及股东成本。

（4）有效的绩效考核和赏罚分明的激励机制

要建立科学的绩效考核和赏罚分明的激励机制，因为不同的成员对团队的贡献程度不同，应该享受不同的薪酬水平。而如何衡量成员对团队的贡献是一件较困难的事情。正如有的研究所说，对团队的成功进行测评是容易的，如从成本的节约、项目所花的时间、客户的满意度等指标可以得到体现；对于个人对团队的贡献程度的衡量是较困难的，这就要求制度的制定者十分清楚项目的整体情况和每个人的授权与完成任务的情况，只有这样才能做到指标的准确性和有效性。

12.3　ERP系统培训技术

12.3.1　ERP系统培训概述

ERP系统实施是一项极其复杂，且对企业现有秩序冲击和影响巨大的项目，一方面ERP系统是一种新的管理思想和管理理念的载体，另一方面ERP系统的技术性非常强。因此，为了顺利完成ERP系统的实施工作，并且使企业员工从内心接受这种思想、管理和工具，培训工作显得尤为重要。

1. ERP系统培训是灌输ERP系统管理理念的过程

对企业的大多数员工来说，ERP系统是一个全新的概念。在很多失败的ERP系统实施案例中，其中一个重要的原因就是企业员工不理解ERP系统，由此产生各种各样的误解，从而不配合、不支持。当企业员工真正理解和掌握ERP系统的理念后，认为ERP系统确实可以提高企业的管理水平、降低员工的工作量，这时员工才能更好地配合ERP系统实施人员的工作。

2. ERP系统培训是学习ERP系统操作技能的过程

ERP系统的使用是一项技术性非常强的工作。要操作ERP系统，不仅需要掌握软件本身的使用，而且需要掌握使用和维护硬件、网络等技术。掌握技术性工作的诀窍在于学习和反复地练习。从技能传授角度来看，ERP系统培训包括两个方面的内容，即培训顾问讲解ERP系统的操作技术过程和员工反复练习所讲授的操作技术的过程。

3. ERP系统培训是ERP项目团队与企业各级员工深入沟通的方式

ERP系统培训给ERP项目团队深入地了解企业现状和员工素质，并按照企业的特点实施ERP系统提供了很好的机会。从沟通角度来看，ERP系统培训不仅是传授知识和技能的过程，而且是相互理解、答疑解惑和沟通交流的过程。

12.3.2 ERP系统培训类型与过程

1. 培训类型

ERP系统实施过程中的培训分为以下三种类型。

（1）标准产品培训

对关键用户进行标准产品功能模块的培训，帮助企业的关键用户熟悉和了解ERP系统。通过给关键用户进行培训，项目团队能够很好地沟通，并且关键用户能够充当企业内部的知识传播者。

（2）方案培训

针对业务解决方案，在对企业业务进行调研的基础上，针对业务特点制定的初步信息化解决方案，是进行方案培训、讨论、修订和确认的基础。以培训为目的，就方案的内容对关键用户进行讲解和沟通。

（3）最终用户培训

最终用户培训是指由关键用户对最终业务操作人员结合岗位操作手册进行的系统操作培训，能够使最终用户熟练掌握日常业务在系统上线后的操作。

2. 培训过程

ERP系统的各类培训应按照如下过程组织。

（1）制订培训计划

① 确定培训内容范围。针对客户特点和项目范围，确定培训内容范围。

② 制订培训计划。与客户方项目经理沟通，制订培训计划。培训计划内容包括培训时间、培训地点和培训内容等。

（2）培训前期准备

① 确定培训讲师。根据客户及项目需求确定培训讲师。培训讲师应接受过企业培训事业部相关讲师培训，并获得标准产品课程认证授权。

② 发布培训通知。待客户方项目经理确认培训计划后，由其发布培训通知。

③ 准备培训物资。准备培训教材、文具等培训物资。

④ 布置培训观场。根据培训需要，对培训现场进行布置，确保培训顺利进行。

（3）执行培训

① 培训前准备。培训开始前，启动和调试学员计算机，开启投影仪和音响设备。

② 学员签到。培训开始前 30 分钟，组织到场学员签到。

③ 讲师授课。培训讲师根据客户及项目需求，按照标准流程与内容进行授课。

④ 课程录制。培训讲师使用课程录编系统对培训过程进行全程录制。

（4）培训效果评估与考核

① 培训效果评估。培训结束时，学员填写培训效果评估问卷，对培训内容、培训讲师及培训组织做出评价。

② 培训考核。培训效果评估结束后，学员参加培训考核，目的是检查学员对所学知识及技能的掌握情况。

12.3.3 培训方案设计与实施

1. 培训方案设计

培训方案是 ERP 系统培训工作的总体计划和安排。培训方案的主要内容包括确定培训方案的设计原则、制订合理的培训计划、设置符合企业现状和需求的培训课程及建立确保培训质量的培训评估系统。

（1）培训方案的设计原则

为了做好 ERP 系统的培训工作，根据 ERP 系统培训内容的特点，在编写 ERP 系统培训方案时，应遵循适用性原则、先进性原则、理论结合实践原则及服务原则等。

（2）制订培训计划

培训计划是培训方案的重要组成部分，是整个培训工作的具体安排，是落实培训资源、协调企业内部工作的重要手段。

（3）设置培训课程

ERP 系统培训工作的核心内容是设置培训课程，但是设置培训课程不是零散、孤立的工作，而是一个系统的工程，需要统一、完整地确定需要培训的内容和设置恰当的课程。根据 ERP 系统培训工作的特点，可以将 ERP 系统培训课程分为以下几个层次。

① 培训管理者课程。

② 培训顾问课程。

③ 常规管理培训课程。

④ ERP 系统理论培训课程。

⑤ 计算机基本操作技能培训课程。

⑥ ERP 系统操作培训课程。

⑦ ERP 系统技术培训课程。

（4）建立培训评估系统

培训评估系统不仅是对参加培训员工的考核，也是对整个培训过程的评价，其目的是为企业领导正确评估 ERP 系统培训提供支持。

2. 实施培训方案

实施培训方案是指按照培训方案要求逐步落实培训内容的过程。在 ERP 系统培训过程中，培训前的动员、选择合适的培训方法、培训顾问的素质和风格及培训顾问的授课技巧对培训效果有重要影响。

（1）培训前的动员

很多企业在开始进行 ERP 系统培训时，往往只是下发一条通知。其实，这种仅仅下发通知的方式是不合适的。由于 ERP 系统培训工作关系到 ERP 系统实施成功与否，因此应该在培训前从舆论上做好 ERP 系统培训的准备工作。具体来说，ERP 系统培训前的动员包括告知有关 ERP 系统培训的详细情况、清除负面因素、综合不同意见、了解特殊需求及强调培训纪律等。

（2）选择合适的培训方法

培训方法是指将培训课程内容传授给培训对象的具体形式和方法。在 ERP 系统培训中，培训方法经常随培训课程内容、培训对象的素质及培训环境的不同而变化。常见的培训方法包括课堂讲授法、分组竞争法、工具培训法、案例培训法、调查培训法、实践练习培训法、讨论培训法和角色扮演培训法等。

（3）培训顾问的素质

培训顾问的素质是指培训顾问应具备良好的教育背景、丰富的实际工作经验，并掌握现代培训专业技能等。

（4）培训顾问的授课技巧

ERP 系统培训课程能否取得良好的效果，培训顾问除了要具备良好的专业知识、丰富的工作经验，还需要掌握适当的授课技巧。在 ERP 系统培训过程中，常用的授课技巧包括备课时的准备技巧、授课前的控制技巧、培训开始技巧、课堂气氛的调节技巧、负面效应的排除技巧、培训末尾的结束技巧及培训后的自我检讨技巧等。

12.4　企业 ERP 项目实施过程中的知识转移

要使 ERP 系统与企业文化、管理制度、组织结构有机结合，关键在于各参与方能否在企业 ERP 项目实施过程中进行有效的知识转移。各参与方知识结构的不对称带来了沟通和合作的障碍，而知识转移是消除障碍的主要手段。有效的知识转移是成功实施企业 ERP 项目的保障，是决定企业 ERP 项目成败的核心因素。

12.4.1　企业信息化项目知识转移的类型与主体

知识转移是知识从某个人的头脑中转移到另一个人的头脑中，或者从某个组织转移应用到另一个组织的过程。知识转移包括知识的共享和吸收两个阶段。知识的转移首先应进行知识共享。知识共享可以通过人与人面对面地交流来进行，也可以通过电子邮件、文件文档、查看知识库和调阅科技文献等方式进行。知识吸收表现为将别人的知识转化为自己的知识，或者将其他组织的知识成功应用到自己的组织中。

中国人民大学信息学院教授左美云参照迈克尔·波特的五种竞争力量模型与委托代理理论，认为企业信息化主体主要包括委托方、代理方、咨询监理方、竞争方、合作方及其他用户方。在企业信息化进程中，他们之间的知识转移主要分为六大类型（见图12-2）。

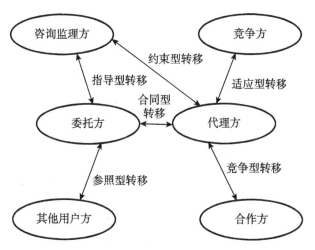

图12-2　企业信息化主体间知识转移模式框架

（1）合同型转移：即委托方与代理方为满足双方签订合同中的明示条款及隐含条款而进行的双向知识转移。该类型是知识转移的主要方式，也是刚性转移，必须进行。

（2）指导型转移：即咨询监理方的知识转移给用户方的过程。其多用于用户方为了改变自己在与建设方博弈过程中的信息不对称地位，聘请咨询或监理帮助自己识别风险的情况。指导型转移的内容主要是单向的，即咨询监理方向用户方转移其缺少的IT供应商评价知识、解决方案评价知识、IT项目实施方法论评价知识、信息化项目阶段成果和最终成果的评价知识等。

（3）参照型转移：即其他已经实施信息化的企业用户向该项目的用户方转移知识的过程。参照型转移通常以观摩、学习的方式，在同行业或同地区的其他已经信息化的企业中学习，以便了解信息化过程，汲取经验与教训。

（4）约束型转移：即咨询监理方向信息化项目建设方转移知识的过程。约束型转移的内容主要是咨询监理企业向信息化项目建设方转移其可能缺少的需求分析知识、风险管理知识等。

（5）适应型转移：即信息化项目建设方的合作者向建设方转移知识的过程。这里所说的合作者有两种主要类型：一种是为了进入国内市场寻找本地企业实行本土化合作的跨国企业，另一种是与建设方互补的厂商。

（6）竞争型转移：即信息化项目建设方的竞争者向建设方转移知识的过程。这里所说的竞争者包括两个层面的含义：一是一起参与投标的企业互相成为直接竞争者，二是为同一行业或同一地区提供信息化解决方案的 IT 企业互相构成间接竞争者。

上述框架涵盖了企业信息化过程中知识转移涉及的方方面面，但人们在实际研究 ERP 实施过程中的知识转移时，大多数把研究重点放在了实施顾问、关键用户和最终用户这三个主体上。实施顾问包含软件供应商和实施服务商，关键用户由企业中经验丰富的管理人员或骨干员工组成，最终用户为企业广大操作人员。企业 ERP 项目实施过程中的知识转移经过实施顾问与关键用户之间的知识转移、关键用户与最终用户之间的知识转移两个主要过程。通过实施顾问与关键用户之间的知识转移，实现关键用户对相关知识的理解；通过培训的方式，关键用户再将相关知识转移给最终用户。这不仅使操作人员便于理解相关知识，同时知识的转移不再是生搬硬套，而是经历了与企业具体实践相结合的一个磨合过程。

12.4.2　ERP实施过程中转移的知识内容及特征

ERP 实施中涉及的知识内容可以分为显性知识和隐性知识两种。

1. 显性知识的内容及特征

显性知识包括专家提供的报告、讲座、软硬件手册和一切企业可以得到的文件资料。ERP 实施的每一个阶段都会有以显性知识呈现的文档或资料，这些文档或资料对衔接 ERP 实施的每一个阶段、对于企业中负责 ERP 实施的项目经理及关键用户都是传递知识很好的工具。

2. 隐性知识的内容及特征

隐性知识是指难以用文字记录和传播的知识，是与人结合在一起的经验性的知识，很难将其文字化或者公式化，难以通过常规的方法收集到和通过常规的信息工具进行传播。隐性知识包含技术要素、认知要素、经验要素和价值要素。隐性知识主要体现在三个方面：一是实施过程中的方法论、模板和技术诀窍，这些知识往往蕴藏在专家的头脑和实践过程中，很少以公共知识的方式提供，也很难找到现成的文字资料；二是软件所包含的管理理念、流程设计和行业经验；三是由管理软件带来的对企业组织结构、管理制度和文化的影响，在信息化的实施过程中，它是以一系列变革所体现出来的。

虽然隐性知识较复杂，并且是难以管理和转移的知识，但除非 ERP 提供方是很不规范的企业，否则无论是在项目实施过程中，还是在项目完成后的运转期，对项目运作成败起决定作用的知识并不是其隐性知识，而是其显性知识。规范的 ERP 提供方的关键知识必然主要包括在其显性知识之中。对于没有发挥应有作用的项目，应首先检查 ERP 提供方是否成熟，以及用户方是否充分、有效地吸纳、扩散和管理了 ERP 提供方的显性知识。

3. 知识转移双方行为人的特征

由于 ERP 软件供应商与企业的知识基础不同，因此它们之间存在着信息不对称。知识的差异不仅造成双方之间的沟通障碍，影响双方关系的复杂性，而且还使得双方的合作动机不同，企业希望得到 ERP 软件供应商的信息技术知识，ERP 软件供应商希望获得企业的业务知识。由于 ERP 软件供应商与企业具有不同的工作背景、知识基础和利益追求，因此在它们之间进行知识转移是非常困难的。

综上，沟通能力便成为影响 ERP 项目实施成功的一个关键要素。吸收能力是指知识接受方对知识转移方所转移知识进行识别、吸收、转化及应用的能力。企业间的合作为组织学习提供了一个机会，企业能否把握这一机会关键在于企业吸收能力的高低。如果企业吸收能力较强，企业就能够从其他企业积累的知识中发现对自身有益的知识，通过吸收、转化变为自身解决实际问题的能力。在实施中，信息技术能否得到有效转移在很大程度上取决于企业的知识存量。如果企业具有一定的知识存量，那么它就具备了识别、吸收ERP软件供应商技术的基础。识别、吸收能力强的企业更能获取ERP软件供应商有用的信息技术知识，并经过同化过程转变为自身的知识存量。转化、应用能力强的企业更能把从ERP软件供应商处获取并同化了的知识资源转换成自身能够应用并有利应用的技能，真正实现知识转移。

12.4.3　实现知识转移的方式与方法

ERP项目启动后，实施顾问如何把软件中蕴含的先进的管理知识传递给客户，客户又通过什么方式把企业中需要解决的问题和详细的需求反馈给实施顾问，这就依赖于项目实施过程中的知识转移。对企业来说，最重要的是培养自己诊断问题的能力，包括企业战略与信息化战略的确定、业务流程描述等。这些都要求企业积极投入实施项目，在过程中积累知识，培养技能。

1. 双向知识转移体系

双向知识转移体系就是实施顾问向企业中的关键用户和最终用户传授知识，企业中的应用人员向实施顾问提出需求和问题，这是一个持续、交互的过程。

从ERP项目实施组织结构来看，在ERP软件供应商的不同角色之间、客户的不同角色之间及ERP软件供应商与客户的角色之间都存在知识转移。建立双向知识转移体系可以让知识在这些角色中转移得更加全面、更加深入。

2. 显性知识的转移方式

显示知识的转移较明显地体现在ERP软件供应商和用户之间，尤其是实施顾问和关键用户两个角色之间。显性知识的转移主要有以下两种方式。

（1）ERP软件供应商向用户转移知识

ERP软件供应商向用户转移知识主要是通过产品及方案培训、知识转移平台及岗位操作手册来进行的。

① 产品及方案培训。产品及方案培训包含针对企业全体员工的理念和沙盘培训、产品知识培训，针对关键用户的产品业务流程培训和实际操作培训，以及实施顾问在实施调研过程中针对企业目前存在的问题或需要改进的流程制定完整的实施方案，对关键用户进行实施方案的培训等。每一阶段的培训都有详尽的培训计划，力求实施顾问将知识快速、准确、全面、深入地转移给关键用户。

② 知识转移平台。显性知识虽然有其通用性和可见性，但是绝大多数的显性知识过于分散，不利于集中利用和实时获取。通过计算机网络技术将显性知识集中起来，对显性知识的转移具有重大意义。

③ 岗位操作手册。岗位操作手册是针对客户每个岗位编写的工作标准、流程和系统操作规范、步骤及其说明、注意事项的文件。撰写岗位操作手册是知识转移完成后，ERP系统上线之前的一项非常重要的工作。岗位操作手册将作为ERP系统上线之后的业务流程规范和操作指导性文件。

（2）用户向ERP软件供应商转移知识。用户向ERP软件供应商转移知识主要是通过业务调研问卷及现有业务流程图和报表来进行的。

① 业务调研问卷。业务调研是指通过各种调研方法，收集、整理客户现状和需求的过程。业务调研的目的一是了解企业的组织结构及业务内容等，二是获取实施软件所必要的参数信息，三是挖掘客户需求。业务调研中必须用到的资料就是业务调研问卷。其一般采用"总—分—总"形式，首先了解客户的整体业务及核心需求，其次按部门进行业务调研，最后通过走现场对业务进行实际串联，进而整合成业务调研报告。

② 现有业务流程图和报表。ERP实施的最终目的是优化企业现有业务流程，最大限度地减少手工报表，实现企业管理水平的提升。在实施调研过程中，企业需要向ERP软件供应商提供现有业务流程图，收集现有业务报表，这些都是向实施顾问进行知识转移的工具。

3. 隐性知识的转移方式

隐性知识可以通过以下五种方式进行转移。

（1）通过现场业务指导进行知识转移。现场业务指导是实施顾问向关键用户转移知识的一种方式。尽管实施过程中的培训安排得十分详尽，但对关键用户来说，ERP仍是一个全新的系统，绝大部分关键用户只有在实际操作中才能发现问题。实施顾问适时地进行现场指导能够帮助关键用户在较短的时间内固化知识。

（2）通过解决问题进行知识转移。在 ERP 系统实施或上线过程中会遇到各种问题，这些问题的解决也是知识转移的一个过程与方法。每次问题的解决都需要尽量完整的解决方案，可以将方案形成文档，让知识得到更好的保留与传递。

（3）通过企业平台共享个体的隐性知识。这种知识转移方式是指将企业内个体的、零散的隐性知识转化为群体共享的知识，形成企业的显性知识库。这一过程是企业内隐性知识显性化的过程。

（4）增加与实施顾问之间的沟通、交流。实施顾问掌握的知识最全面，应用最熟练，在实施过程中多与其沟通、交流，讨论问题解决方案，学习其处理问题的方法，是获取隐性知识最快捷的方法。

（5）各关键业务衔接人员的沟通、交流。这种知识转移方式为非正式渠道的知识转移方式，也是较难实现的一种知识转移方式。在企业内要实现这种形式的知识转移，就需要企业内尚不具备相关知识的个体直接与拥有这方面隐性知识的个体进行学习和交流，已经拥有部分这方面隐性知识的个体之间也可以相互交流心得和体会，以加深各自对相关知识的理解和把握，最终达到企业内所有个体对相关知识的了解。

 习题

一、概念解释

请对以下概念做出正确解释：ERP 系统选型、5S 选型法、PIECES 方法 、FACE 方法、知识转移。

二、选择题

1. ERP 系统选型是指（　　　）。

A. 选择 ERP 产品　　　　　　　　　　B. 选择 ERP 软件供应商

C. 选择 ERP 实施方法　　　　　　　　D. 以上都不是

2. 5S 选型法中的 5 是指（　　　）。

A.ERP 系统选型过程为 5 个阶段　　　B. 至少在 5 个 ERP 产品中选择

C. 至少在 5 个 ERP 软件供应商中选择 D. 以上都不是

3. ERP 项目团队不包含（ ）角色。

A. 管理类 B. 实施技术类

C. 支持类 D. 评估类

4. 知识共享可以通过（ ）进行。

A. 人与人面对面地交流 B. 电子邮件

C. 查看知识库 D. 以上都不是

5. 下面不属于隐性知识的是（ ）。

A. 技能 B. 阅历

C. 行为准则 D. 手册

三、简答题

1. ERP 系统选型应该考虑哪些因素？

2. ERP 系统选型有哪些方法？

3. 如何选择 ERP 项目团队成员？

4. ERP 系统培训的重要意义是什么？

5. ERP 实施中转移的显性知识和隐性知识是什么？

6. 实施顾问如何把软件中蕴含的先进的管理知识传递给客户？

四、案例分析题

宁波贝发集团有限公司（以下简称"贝发集团"）是一家集文具的研制开发、生产销售和国际商贸服务于一体的大型外商独资制笔企业，集团下属 6 家紧密层企业、18 个专业生产分厂、5 个海外销售分公司及 1 个省级科研中心。贝发集团主要产品笔有 9 大系列 1 000 余品种，年产销能力达 15 亿支。其产品 80% 以上销往海外市场，已与全球 100 多个国家和地区的 800 多家客商建立了稳定的贸易关系。

当前国际竞争日益激烈，世界制笔行业的竞争逐渐由价格因素转变为技术和品牌的竞争。贝发集团作为国内制笔业的龙头企业，也是国内笔类出口最大的企业，率先在制笔业实施 ERP 是加强国际竞争的需要，也为更多的国内制笔企业走向世界、参与国际竞争起到示范带头作用。

ERP是大型企业管理软件，它的应用实施涉及企业的各个部门，从最高的领导层到最底层的操作人员。对于这样一项耗资巨大、费时费力的系统工程，贝发集团没有这方面的实施经验。因此，贝发集团在整个项目的实施过程中遇到的阻力非常大。

在选型阶段遇到的问题主要是对企业自身的需求把握不够清晰，对各种ERP产品了解不够，最终导致很难确认究竟什么样的系统才适合贝发集团。为了解决这个问题，贝发集团首先成立了项目领导小组，由对公司业务最为熟悉的生产总裁和财务总裁领头，由信息中心作为执行单位进行项目选型工作。

第一步，理清贝发集团的需求，通过与各部门的反复沟通，整理出一个初步的可以用来与ERP软件供应商沟通的基础需求版本，其中特别强调了贝发集团自己认为较难以实现的，或者说对业务影响较大的部分。

第二步，在理清需求的同时，开始收集市面上的ERP产品和ERP软件供应商的相关信息。

第三步，经过前期的准备工作，初步确定了一个选择范围，贝发集团开始把目光集中在SAP、Oracle和用友NC等产品上，但同时也并不排斥其他产品的参与。经过与多家ERP软件供应商反复沟通，最终决定通过召开需求发布大会的方式向各ERP软件供应商提出贝发集团的需求，并要求各ERP软件供应商在此基础上提交各自的方案。

第四步，通过初步评判，把选型的焦点集中在SAP、Oracle和用友NC产品上。

第五步，经过两轮的评判筛选后，最后锁定SAP和Oracle两家。项目组的结论是这两个产品有差异，而且差异较大，但对贝发集团的应用而言并没有太大差异，而且这两个产品均没有在行业内较成功的案例。

在这种情况下，项目组注重的是实施公司的项目团队成员的素质，关注的是他们对行业的理解、对企业的理解及对贝发集团现状的理解。

贝发集团的选型路线是先在众多的产品中选出适合贝发集团、能够满足贝发集团应用的所有产品，而不是直接选定一个最终的产品。之后再结合产品来考察实施人员，因为最终项目能否成功，除去企业的内部因素影响，外部的因素中最主要的就是实施人员的素质、经验及团队。现有流程的分析、系统流程的优化、系统的实施导入，都是通过实施人员来完成的。

与其他公司相比，贝发集团的 ERP 系统选型其实并无特殊之处，也是先选择产品，再选择实施伙伴，只不过贝发集团的具体情况决定了有几个产品都能满足贝发集团的要求，所以变成了先选择实施队伍，再确定产品。

根据上述资料回答以下问题。

1. 贝发集团是一家什么性质的企业？

2. 贝发集团在选择 ERP 软件供应商时为什么把重点放在项目团队力量的比较上？

3. 贝发集团 ERP 系统选型成功的关键点是什么？

4. 通过贝发集团 ERP 系统选型案例，你获得了哪些启发？

第13章

群英集团财务供应链 ERP-NC 项目
实施案例

13.1 项目背景

1. 公司概况

群英集团科技股份有限公司（以下简称"群英集团"）创建于 1987 年，现主要从事建筑材料加工和绿色建材等领域。群英集团的产品除各领域的方案设计、技术支持等服务类产品，还包括以破碎机、粉磨机为核心的机械设备。经过 30 余年的发展，群英集团在矿机领域逐渐成为全球制造行业的翘楚，产品远销海外地区。

群英集团作为破碎行业的佼佼者，始终坚持科技与品质同行，敢于创新，追求不凡。一直以来，群英集团始终以强大的生产实力为发展基石，以完善的研发实力为品质保障，以高品质的服务体系为品牌延伸，倾力在全球打造瞩目的行业品牌。

2. 公司组织架构

群英集团隶属北京群汇机械有限公司，旗下拥有七家二级子公司和四家三级子公司。

3. 公司信息化现状与建设动因

目前，群英集团的运营管理主要基于用友 U8 系统和 OA 系统，其中 CRM 系统主要用于管理及跟进客户前期销售业务，产品数据管理（Product Data Management，PDM）系统的物料数据急需统一规范，销售订单对外报价需要在销售报价系统中进行询价，销售合同审批业务在OA系统中处理。

目前，用友U8系统在群英集团的内部应用中已经暴露出越来越多的问题，具体表现在以下三个方面。

（1）采购业务方面：目前，群英集团使用用友U8系统已实现集中采购，但尚未建立一套完善的管理体系。例如，采购供应商数据不全面、采购环节不完整及缺少采购到货环节等。

（2）销售业务方面：国内外客户档案存在多套系统中、不同地区客户档案信息独立存放在本地、销售合同存在多条审批流及不支持销售团队的精细管理等。

（3）库存业务方面：物料没有使用安全库存预警、物料入库没有设定标准及提供的报表不能满足管理需求。

目前，群英集团旗下公司存在多套财务软件，给总公司的财务集中管理带来了信息壁垒，对保证公司财务信息质量、提高公司经营的合规性及内控性带来困难。

群英集团基于公司目前的信息化现状及国际化发展对管理升级的需求，在深入调研的基础上，决定建设一个支持公司"集中管控、商务协同"的新一代信息化平台。

13.2 系统整体解决方案

1. 软件选型及应用组织范围

群英集团项目团队经过深入调研，决定选择用友公司的NC 6.5系统作为新建的信息化平台。

2. 系统建设总体目标和原则

经过对群英集团全面的调查与分析，群英集团项目团队确定了公司系统建设总体目标，具体如下。

（1）建立科学的生产管理平台

通过项目实施，建立包括市场需求管理、产品设计和数据管理、采购管理、委外管理、仓库管理和财务管理等覆盖公司从决策层、计划层到作业层的完整的生产管理平台。信息化应用成功的标志就是公司将信息系统作为日常业务处理的工具和平台，因此，建立科学的生产管理平台是本次信息化建设的基本目标。

（2）系统整理和完善生产管理基础数据

生产系统建设中包含大量的管理基础数据，这些基础数据是生产系统有效运行的基础，也是公司生产管理及各项生产作业顺利进行的重要管理数据。ERP系统对公司的基础数据有严格的要求，因此系统整理和完善生产管理基础数据既是系统建设的需要，也是系统建设的重要目标之一。

（3）全面整合物流、信息流和资金流

通过ERP系统的全面整合，打通了采购管理、库存管理、销售管理和财务管理的各个环节。

（4）向决策层提供科学、全面、实时和真实的决策信息

通过软件系统实施，规范基础数据，优化业务流程，改善信息流通渠道，同时根据应用软件系统提供的业务状态跟踪、业务进程提醒及强大的统计分析功能，提升公司的管理水平，使相关领导及业务人员真正能够从繁忙的事务中解脱出来，把主要精力投入改进业务和管理的工作。

（5）全面提高管理水平，优化资源配置，降低生产成本，提升生产效率，增强市场竞争和应变能力。

企业信息化工程是一项结合了企业实际经营理念和管理规范的信息载体，真正对企业有支持作用的企业信息化工程都具备适合企业管理模式、技术成熟及由行业成熟顾问推动的特性。

系统建设总体原则如下。

（1）标准化原则

为了达到最大限度内的数据共享要求，必须进一步提高基础数据的完整性。

（2）适用、实用原则

必须根据群英集团的特点，以解决公司经营和管理中存在的问题及发展需求为目的，依据实际需求进行分析，选择适合群英集团的实用的系统结构与系统功能，只追求阶段性的有限目标。

（3）信息化目标与公司发展战略相结合原则

根据群英集团的发展战略，明确信息化建设目标与发展方向是信息化能成功实施的先决条件。无论是在系统设计还是在系统实施中，都必须把握整体集成化这一核心问题，做到紧紧围绕群英集团的战略目标进行集成，实现公司的信息化管理。

（4）信息内聚原则

信息内聚是规划软件产品时进行功能划分的重要技术原则，它使得系统模块间的通信最优化和快捷。要实现产品设计结构与物流系统的衔接和信息共享，必须按照信息集成和功能集成的策略来规划软件系统。

3.项目实施整体规划

用友公司项目团队和群英集团项目团队经研究确定采用整体规划、分期实施的策略。计划项目实施时间跨度为2018年5月至2019年6月，项目分为两期：第一期涉及总账、固定资产、企业报表、合并报表、多账簿和资金模块，计划上线时间为2018年8月；第二期为供应链（包括采购、销售、库存和委外）部分，分北京、福州两地分期上线，北京供应链计划上线时间为2018年11月，福州供应链上线时间为2019年4月。

13.3　项目实施过程

群英集团NC项目在双方项目团队领导的大力支持和推动下，完成了项目实施各阶段工作。群英集团的ERP-NC项目于2018年4月28日正式启动，于2018年11月20日正式上线，并已成功运行。

13.3.1 项目规划

1. 项目规划概述

在项目规划阶段，用友公司项目团队与群英集团项目团队确定了项目主计划和双方项目团队成员，建立了双方在项目实施过程中必要的沟通机制，并在 2018 年 5 月 3 日召开了项目启动会。

2. 项目实施主计划

双方项目团队经调查、研究，确定了群英集团 ERP-NC 项目实施主计划（见表 13-1）。

表 13-1　群英集团 ERP-NC 项目实施主计划（部分）

任务序号	阶段任务名称	开始日期	结束日期	客户方参与人员	主要任务	用友公司顾问	用友公司顾问主要任务	交付成果
1	项目规划阶段			—	—	—	—	—
1.1	组建项目团队			项目团队全体成员				
1.2	制订项目实施主计划	2018 年 4 月 28 日	2018 年 5 月 3 日	项目经理	了解项目进度安排、明确自身工作范围	项目经理	确定项目计划、准备系统建设阶段资料	项目实施主计划、项目启动会议记录、客户方项目团队成员职责和任务
1.3	确认项目实施主计划							
1.4	准备项目启动会			项目团队全体成员		项目团队全体成员		
1.5	召开项目启动会							

13.3.2 蓝图设计

1. 蓝图设计概述

蓝图设计阶段自 2018 年 4 月开始。在这一阶段，双方项目团队完成了需求调研、系统安装与调试、关键用户培训及业务解决方案设计等工作。

这一阶段是项目实施最为关键的阶段，也为项目后续的建设奠定了扎实的基础。用友公司顾问根据群英集团的行业特点、管理现状、ERP 的应用目标，结合软件的管理思想和功能特点，设计出了本期项目范围内的系统应用方案，并经群英集团项目团队讨论、完善后，作为里程碑成果确认。

2. 用户需求调研及分析报告

用友公司项目团队在 2018 年 5 月 8 日至 11 日、2018 年 5 月 15 日至 18 日、2018 年 5 月 24 日至 25 日、2018 年 5 月 31 日至 6 月 1 日期间进驻了群英集团，在群英集团领导的重视和项目团队的积极配合下，用友公司项目团队对群英集团进行了不同模式的调研与访谈。通过与销售部、采购部和财务部相关人员的沟通与交流，完成了对销售管理、采购管理、财务核算、合并报表、库存管理、存货管理和自营出口工作内容的调研、分析，并整理得到群英集团的供应链需求分析报告。该需求分析报告描述了群英集团的供应链业务管理流程现状、功能需求及分析、优化建议。

3. 供应链业务解决方案

供应链业务涉及采购管理业务、销售管理业务、库存管理业务和存货核算业务。

（1）采购管理业务解决方案

采购管理业务目标 / 关键需求：群英集团集中采购业务。群英集团采购管理流程清单如表 13-2 所示。

表 13-2　群英集团采购管理流程清单

序号	流程名称
1	供应商货源管理流程
2	采购价格管理流程
3	请购管理流程

① 供应商货源管理流程方案

- 业务场景描述：根据供应商的供货范围，维护不同物料供应商的关系。

- 适用范围：采购中心。

- 控制目标：在采购过程中，对供应商的供货范围进行严格控制，以使物料按配额采购。

- 供应商货源管理流程如图 13-1 所示。

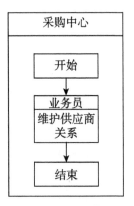

图 13-1　供应商货源管理流程

- 供应商货源管理流程说明如表 13-3 所示。

表 13-3　供应商货源管理流程说明

部门及人员	输入单据	流程说明	输出单据	单据状态	处理方式
采购中心 / 业务员	—	维护物料供应商关系	—	—	系统

- 产品配置说明如表 13-4 所示。

表 13-4　产品配置说明

产品模块	菜单	节点
供应链	供应链基础设置	按物料维护供应商
		按供应商维护物料

- 单据设置：关键字段包括主供应商、优先级、订货批量和供货配额等。

② 采购价格管理流程方案

- 业务场景描述：在系统中对物料的采购价格进行统一管理，以便在日常采购业务中可以按供应商价目表执行。
- 适用范围：采购中心。
- 控制目标：能清楚地查看物料对应供应商的历史价格信息，便于询价；针对部分物料设置采购价格不可编辑，必须从供应商价目表中询价，寻不到价不允许执行后续的采购业务；针对价格波动频繁的物料，不建议由系统维护供应商价目表，而应由采购人员手工录入价格。
- 采购价格管理流程如图 13-2 所示。

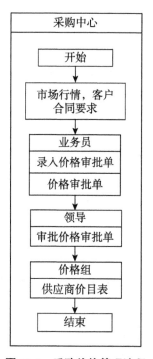

图 13-2　采购价格管理流程

- 采购价格管理流程说明如表 13-5 所示。

表 13-5　采购价格管理流程说明

部门及人员	输入单据	流程说明	输出单据	单据状态	处理方式
采购中心 / 业务员	价格审批单	根据市场行情或客户合同要求，将实际询到的新价格录入价格审批单	—	提交	系统
采购中心 / 领导	—	对提交的价格审批单进行审批	价格审批单	审批	系统
采购中心 / 价格组	—	审批通过的价格审批单自动创建了供应商价目表，支持手工录入供应商价目表	供应商价目表	—	系统

- 产品配置说明如表 13-6 所示。

表 13-6　产品配置说明

产品模块	菜单	节点
供应链	采购价格	价格审批单
		供应商价目表

- 单据设置：必输项为价格生效日期、"订货"标识。

③ 请购管理流程方案

- 业务场景描述：各部门根据各自需求，在系统中填写请购单，包括原材料、外购件、包装物和低值易耗品等。
- 适用范围：需求部门。
- 控制目标：增加请购单据类型，对不同部门及不同业务类型的采购请求进行统一管理，方便日后统计、分析。
- 请购管理流程如图 13-3 所示。

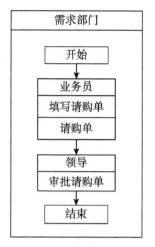

图 13-3 请购管理流程

- 请购管理流程说明如表 13-7 所示。

表 13-7 请购管理流程说明

部门及人员	输入单据	流程说明	输出单据	单据状态	处理方式
需求业务部门 / 业务员	请购单	根据实际需求填写请购单	—	提交	系统
需求业务部门 / 领导	—	对请购单进行审批	请购单	审批	系统

- 产品配置说明如表 13-8 所示。

表 13-8 产品配置说明

产品模块	菜单	节点
供应链	采购管理	请购单

- 单据设置：必输项为需求部门、需求人员及需求数量等。

（2）销售管理业务解决方案

销售管理业务目标/关键需求：销售过程中销售部与仓储、财务等部门的关联协同。

群英集团销售管理流程清单如表 13-9 所示。

表 13-9　群英集团销售管理流程清单

序号	流程名称
1	销售订单管理流程
2	销售订单补货安排流程
3	销售退货处理流程
4	销售出库流程
5	销售发票及结算流程

销售管理业务解决方案（略）。

（3）库存管理业务解决方案

库存管理业务目标 / 关键需求（略）。

群英集团库存管理流程清单如表 13-10 所示。

表 13-10　群英集团库存管理流程清单

序号	流程名称
1	产成品入库流程
2	材料出库流程
3	转库流程
4	盘点流程

库存管理业务具体流程方案（略）。

（4）存货核算业务解决方案

存货核算目标 / 关键需求：存货核算作为库存管理的后台，是从成本角度管理存货的出入库业务。其主要功能是核算公司存货的入库成本、出库成本和结余成本，完成对采购暂估业务的处理、存货成本的调整等。通过对存货成本的计算，为公司全面成本管理、成本分析提供可靠、及时的基础数据。在保证公司生产经营的前提下，降低存货库存，减少存货资金的占用，加速资金的周转。

存货核算业务解决方案（略）。

存货核算流程（略）。

13.3.3　系统建设

1. 系统建设概述

这一阶段的主要工作任务是对项目实施方案进行测试。针对在项目实施方案测试过程中发现的问题，双方项目团队进行沟通、讨论，并根据讨论结果改进方案；同时，对于发现的不规范的业务提出改进意见和建议，帮助公司改进和优化业务流程。

2. 静态数据整理

静态数据表单目录如表 13-11 所示。

表 13-11　静态数据表单目录（部分）

序号	档案名称	涉及财务、供应链	建议维护部门	责任人	跟踪人	协助人	完成情况	最后递交日期	备注	签字人
1	公司目录	财务、供应链	—	—	—	—	—	—	—	—
2	科目方案	财务	—	—	—	—	—	—	—	—
3	核算账簿		—	—	—	—	—	—	—	—
4	人员类别		—	—	—	—	—	—	—	—
5	部门档案	财务、供应链	—	—	—	—	—	—	—	—
6	人员档案		—	—	—	—	—	—	—	—
7	结算方式		—	—	—	—	—	—	—	—
8	地区分类		—	—	—	—	—	—	—	—
9	客户分类		—	—	—	—	—	—	—	—
10	客户档案		—	—	—	—	—	—	—	—
11	供应商分类		—	—	—	—	—	—	—	—
12	供应商档案		—	—	—	—	—	—	—	—
13	银行档案	财务	—	—	—	—	—	—	—	—
14	银行账户	财务、供应链	—	—	—	—	—	—	—	—
15	会计科目	财务	—	—	—	—	—	—	—	—

部门档案数据示例如表 13-12 所示。

表 13-12　部门档案数据示例

部门编码	部门名称	上级部门编码	上级部门名称	部门属性	建立时间	部门类型
01	财务中心	—	—	其他部门	2008 年 1 月 1 日	普通部门
0101	财务部	01	财务中心			
0102						

3. 动态数据整理

（1）采购模块

采购模块目前共有三种场景（见表 13-13）。

表 13-13　采购模块三种场景

序号	采购订单	采购到货单	采购入库单	采购发票	处理方式
1	·	—	—	—	新系统初录采购订单
2	·	·	·	—	新系统初录采购订单，采购发票通过采购入库单来做
3	·	·	·	·	整理业务单据，系统内做期初应付单

（2）销售模块

销售模块目前共有四种场景（见表 13-14）。

表 13-14　销售模块四种场景

序号	销售订单	发货单	销售出库单	销售发票	处理方式
1	·	—	—	—	补销售订单
2	·	·	—	—	补销售订单和发货单
3	·	·	·	—	在 NC 系统中新增销售订单，并补发货单及销售出库单，待实际开票后再做销售发票
4	·	·	·	·	整理业务单据，系统内做期初应收单

13.3.4　系统上线

系统上线是整个项目实施中最重要的一个环节。为了确保系统顺利上线，群英集团项目团队制订了具体的系统上线计划。在双方项目团队的努力下，系统于 2018 年 11 月 20 日至 30 日正式上线。

在这一阶段，需要在短时间内把大量的动态数据录入新系统，实际业务流程正式切入系统进行运行，并且数据运行准确，这是对项目前期工作的最为客观的评定。动态数据是指在系统应用中一般随着时间变化而变化的数据。

13.3.5　项目验收

在群英集团领导的大力支持和推动下，项目团队完成了项目规划阶段的各项工作，ERP-NC 项目于 2018 年 4 月 28 日正式启动，于 2018 年 11 月 20 日正式上线，并已成功持续运行。实施模块的验收和评价确认情况如下。

1. 项目模块功能验收

项目上线模块范围和组织范围如表 13-15 所示。

表 13-15　项目上线模块范围和组织范围

上线模块 组织范围	采购 管理	销售 管理	库存 管理	内部 交易	存货 核算	总账	应收应 付管理	资金 管理	合并 报表
机械有限公司	—	—	—	—	—	—	—	—	—
股份有限公司	—	—	—	—	—	—	—	—	—
机械销售有限公司	—	—	—	—	—	—	—	—	—
公司	—	—	—	—	—	—	—	—	—

2. 项目总体评价和验收确认

通过本次的 ERP-NC 项目实施，双方项目团队把对软件系统的理解与对公司管理的深刻认识有机地结合起来，并应用到整个项目过程中。通过规范基础管理、统一物料名称和编码、优化部分业务流程、编制全面的系统应用准则和规程，在系统全面应用的基础上，有效地促进了公司管理的规范，并将对公司的综合管理水平的进一步提高产生积极而深远的影响。项目双方一致认为，系统运行稳定，计算数据准确，信息传递及时，实现了最初的项目目标，同意接受该软件系统投入正常运行。至此，该项目实施工作基本结束，同意对该项目验收。

此次，群英集团的 ERP-NC 项目实施是成功的，在项目目标即将达成之时，对项目进行验收是对双方项目团队工作成果的肯定。项目验收并不表示双方合作的结束，而是标志着双方合作新阶段的开始。项目验收后，用友公司将一如既往地为群英集团提供技术支持服务。

3. 项目验收签字页

项目上线至今，NC 系统已进入稳定运行状态，群英集团项目团队和业务部门同意群英集团一期项目正式进行项目验收。项目验收签字页如图 13-4 所示。

文档签署	
群英集团 单位（盖章） 项目经理（签字） 	用友公司 单位（盖章） 项目经理（签字）
日期：___年__月__日	日期：___年__月__日

图 13-4　项目验收签字页

13.4　应用价值

群英集团 NC 系统的上线应用为公司建立了统一的信息化平台，帮助公司实现了"集中管控、商务协同"的经营管理环境，充分满足了公司多层级、跨地域、跨行业经营的管理需求，可以为公司提供并保持无可替代的核心竞争力。该项目的具体价值体现在以下三个方面。

（1）打破了各公司的信息壁垒，实现了信息共享，提高了公司的业务处理效率和管理水平。

（2）建立了统一的物资分类和集中采购管理制度；实现了按需求驱动的集约化的采购模式，通过集中采购，充分发挥采购的规模优势，降低了采购成本。

（3）实现了销售业务政策管理、业务流程规范和商务协同应用；帮助构建销售与分销业务经营管理平台，提升经营绩效，优化资源配置，满足客户需求，降低运营成本。

根据上述资料回答以下问题。

1. 群英集团为什么要实施财务供应链 ERP-NC 项目？

2. 群英集团财务供应链 ERP-NC 项目为什么选择用友公司的 NC 产品？

3. 为什么用友公司项目团队能如期完成群英集团财务供应链 ERP-NC 项目？

参考文献

［1］林蓬升，张宪乐. ERP 项目管理与实施［M］. 西安：西安电子科技大学出版社，2009.

［2］吴鹏跃，肖红根. ERP 项目实施教程［M］. 北京：清华大学出版社，2017.

［3］王征. ERP 系统原理及企业建模精华［M］. 北京：中国财政经济出版社，2013.

［4］童继龙，童继明. P 道理：ERP 项目实施手记［M］. 北京：清华大学出版社，2011.

［5］闪四清. ERP 系统原理和实施［M］. 4 版. 北京：清华大学出版社，2007.

［6］郭宁. IT 项目管理［M］. 2 版. 北京：人民邮电出版社，2019.

［7］刘明亮，高章舜. 信息系统项目管理师教程［M］. 2 版. 北京：清华大学出版社，2008.

［8］刘雷. ERP 系统体系结构的研究［D］. 哈尔滨：哈尔滨理工大学，2006.

［9］杨胜友. 基于 VMD 结构的 ERP 体系结构［J］. 科学学与科学技术管理，1999（5）：26–28.

［10］李锋，尹洁. 企业信息化项目实施过程中的知识转移研究［J］. 中国管理信息化，2009，12（11）：102–104.

［11］王忠新. 易华录公司 ERP 项目实施风险管理研究［D］. 兰州：兰州理工大学，2019.

［12］张认真. ERP 实施过程中的知识转移［D］. 济南：山东大学，2012.

［13］张振国. A 公司 ERP 实施过程中业务流程优化案例研究［D］. 广州：华南理工大学，2012.

［14］林相华. LD 企业 ERP 项目实施案例分析［D］. 济南：齐鲁工业大学，2015.

［15］陈少帅. SAP 为客户实施 ERP 优化方案的案例研究［D］. 大连：大连理工大学，2015.

［16］齐艳宏. S 公司 ERP 项目实施案例的研究［D］. 昆明：云南财经大学，2015.

［17］赖永来. 上上德盛 ERP 实施案例研究［D］. 石河子：石河子大学，2017.

［18］中国生产力促进中心协会，《企业信息化技术规范》国家行业标准工作组. 企业资源规划系统（ERP）规范应用指南. 北京：电子工业出版社，2003.

［19］倪庆萍. 管理信息系统［M］. 3 版. 北京：清华大学出版社，北京交通大学出版社，2016.

［20］倪海鸥. ERP 项目的全过程风险管理［J］. 企业管理，2012（3）：94–96.

［21］朱帅锋. 博能传动集团 ERP 实施案例研究［D］. 兰州：兰州理工大学，2017.

［22］左美云. 企业信息化主体间的六类知识转移［J］. 计算机系统应用，2004（8）：72–74.

［23］董小英. 企业信息化过程中的知识转移：联想集团案例分析［J］. 中外管理导报，2002（11）：28–35.

［24］杜红，李从东，李晓宇. 面向 ERP 实施的知识转移体系研究［J］. 管理工程学报，2005（2）：110–113.